KRÜGER

LISA HARMANN
KATHARINA NACHTSHEIM

Wow Mom

DER MAMA-MUTMACHER
FÜRS ERSTE JAHR MIT KIND

KRÜGER

Erschienen bei FISCHER Krüger

© 2019 S. Fischer Verlag GmbH,
Hedderichstr. 114, D-60596 Frankfurt am Main

Illustrationen: Kera Till
Satz: Christina Hucke, Frankfurt am Main
Druck und Bindung: Print Consult GmbH, München
Printed in Slovakia

ISBN 978-3-8105-3072-1

FÜR DICH

»FRAUEN VON HEUTE WARTEN NICHT AUF DAS WUNDERBARE –
SIE INSZENIEREN IHRE WUNDER SELBST.«

Katharine Hepburn

Inhalt

VORWORT   8

WOW, BIN ICH GLÜCKLICH   12

WOW, BIN ICH UNSICHER   26

WOW, BIN ICH MÜDE   46

WOW, BIN ICH VERLIEBT   64

WOW, BIN ICH EINSAM   90

WOW, BIN ICH ÜBER- UND UNTERFORDERT   110

WOW, BIN ICH DANKBAR   130

WOW, BIN ICH VERZWEIFELT   150

WOW, BIN ICH STOLZ   170

WOW, BIN ICH WÜTEND   190

WOW, BIN ICH MOTIVIERT   210

WOW, BIN ICH EMOTIONAL   228

NACHWORT   248

DANK   250

GASTAUTORINNEN, EXPERTINNEN
UND INTERVIEWPARTNERINNEN   253

Wow, jetzt bist du Mama!

HERZLICH WILLKOMMEN
IN DER AUFREGENDSTEN ZEIT DEINES LEBENS

Du bist jetzt wirklich Mutter – die Mama von einem kleinen, faszinierenden, perfekten Menschen. Die Gefühle, die dich in dieser ersten Zeit mit dem Baby überkommen, sind unvergleichlich.

In diesem Buch soll es genau darum gehen. Um DICH und deine Emotionen. Um die schönen und die anstrengenden, um die leisen und die lauten, um die kräftigen und die zarten.

Zwölf Kapitel lang begleiten wir dich durch dieses besondere erste Jahr mit Kind. Wir erzählen mal ehrlich, mal lustig, mal melancholisch vom Wahnsinn der Mutterschaft, fragen ExpertInnen nach ihren Einschätzungen und lassen GastautorInnen zu Wort kommen, die zeigen, dass du nicht allein bist. Dass nichts und niemand perfekt sein muss. Dass sich Stolz und Wut nicht ausschließen, dass alle Gefühle o. k. sind.

Und weil wir wissen, wie schnell vieles aus dieser ersten turbulenten Zeit in Vergessenheit gerät, gibt es hier auch immer wieder Platz für deine eigenen Notizen, Möglichkeiten zum Ankreuzen oder Listen zum Ergänzen.

Mamasein, das ist wie eine Fahrt mit der Wildwasserbahn. Mal spannend, mal geht alles zu schnell. Mal spritzt dir unerwartet kaltes Wasser ins Gesicht, mal schreist du panisch, mal vor Glück.

WOW MOM. Das soll nicht nur heißen, dass es für Mütter jeden Tag Konfetti regnen müsste. Nein, es zeigt außerdem, dass dein Leben auch dann noch Sinn ergibt, wenn es gerade kopfsteht. Du kannst es drehen und wenden, wie du willst: Aus WOW wird MOM, aus MOM wird WOW.

Herzlich Willkommen in deinem neuen Leben!

Lisa & Katharina

PS
DAS COVER DIESES BUCHES
IST SO KONZIPIERT, DASS ES MIT
FEUCHTTÜCHERN ABWISCHBAR IST.
NUR ELTERN WISSEN, WIE WICHTIG
DAS SEIN KANN …

Gebrauchsanweisung für dieses Buch

Liebe frischgebackene Super-Mama! Du hast deine Wohnung bislang gut gepflegt. Du hast *dich* bislang gut gepflegt. Du hast Bücher bislang gut gepflegt. Das alles läuft jetzt nicht mehr wie zuvor.

Vielleicht liegen in deiner Wohnung demnächst Krümel und Staubmäuse (ganz bestimmt sogar!), vielleicht lässt du auch mal drei Tage die Dusche sausen (kommt vor!), weil alle Grenzen sich mit dem Baby verschieben. Und so darfst du auch dieses Buch behandeln.

Es darf Eselsohren haben, Kaffeeflecken, Knicke und Wasserwellen. Du darfst den Buchrücken brechen, damit du es mit einer Hand besser lesen kannst. Du darfst die Illustration ausmalen. Dieses Buch darf vom Look her voll und ganz deiner Stimmungslage im ersten Jahr mit Baby entsprechen. Mal zerzaust, mal unendlich bunt. Aber in jedem Falle: einzigartig! Denn es ist, was du draus machst.

Wenn du es nach ein paar Jahren wieder zur Hand nimmst, soll es dich zum Schmunzeln bringen. Die Kaffeeflecken werden dich vielleicht an die Müdigkeit erinnern. Der umgeknickte Buchrücken an die vielen Stunden des Milchgebens. Und ganz vielleicht sind sie dann wieder da: die einmaligen Erinnerungen an dieses einschneidende erste Jahr mit deinem Kind. Schön, dass wir dich mit diesem Werk dabei begleiten dürfen!

11

Wow, bin ich glücklich

VON KATHARINA

Sprung ins kalte Wasser: Auf ins Leben als Mama!

So richtig vorbereiten kann uns nichts und niemand auf die Mutterschaft – vor allem auf diese großen Gefühle nicht. Das wissen wir spätestens, seit uns dieser warme, allumfassende Glücksschauer über unser Kind zum ersten Mal durch die Glieder fuhr. Nun sind wir Mama und können es oft selbst noch nicht fassen, wenn wir von unserem »Sohn« oder unserer »Tochter« erzählen. Wir sind fasziniert, wie neu sich alles anfühlt – und wie schön ...

Es ist, als würdest auf einem Sprungbrett stehen, nur noch ein paar Schritte, dann stehst du an der Kante zum Wasser. Wie kalt und wie tief es ist, kannst du nur erahnen.
Neun Monate hattest du Zeit, dich an den Gedanken zu gewöhnen, dass du bald Mama bist. Dass es fortan jemanden geben wird, der dich sein ganzes Leben lang brauchen wird. Für den du immer da sein wirst.

Du nimmst Anlauf, atmest ein, wirst schneller, zögerst, und rennst dann doch mutig und kraftvoll auf das Ende des Sprungbrettes zu.
»Ich kann den Kopf schon sehen! Noch zweimal pressen und das Baby ist da.« Panik, Schmerzen, Vorfreude. Der Moment ist gekommen. Jetzt verändert sich alles ...

Dein Kind ist da. Die Zeit steht still. Diese Gefühle. Diese Erschöpfung. Lachen, Weinen, Küsse. Unglaublich.

Du springst. Ruderst mit den Armen, tauchst ins Wasser ein.
Du hast Ratgeber gelesen und Freunde gefragt, du hast dir Gedanken gemacht und dir dein künftiges Leben vorgestellt ... aber wie es wirklich ist, das weißt du erst jetzt. Jetzt, seit du Mutter bist.

Du sinkst weiter ins Wasser, bleibst unten, bis die Luft knapp wird. Fängst an zu strampeln, willst zurück nach oben.
Du hast nicht geahnt, was das bedeutet. Dich stundenlang nur mit Babyangucken und Staunen zu beschäftigen. Nicht schlafen, wunde Brustwarzen, Streit mit dem Liebsten. Trösten, singen, Fingerspiele, Fläschchen anrühren, volle Windeln, Geschrei, so viel Geschrei, Karottenflecken auf den Klamotten. Fieber wegstreicheln, Matschekuchen backen, heulen vor Erschöpfung. Ausgehen vermissen, bei jedem Film nach zehn Minuten einschlafen. Andere Mamas kennenlernen, Seelenverwandte und befremdliche. Sandhaufen aus Sandalen kippen, erste graue Haare kriegen, Kohlblätter auf der Brust, den Windelinhalt analysieren, aufs Bäuerchen warten. Abends am Bettchen stehen und dem Atem lauschen, das Baby vermissen, nicht mehr alleine aufs Klo gehen, Freunde verlieren und neue gewinnen, Bäuchlein massieren. Muttertag feiern! Händchen halten, beim PEKiP turnen, immer mit Wechselklamotten aus dem Haus gehen, dich aus dem Zimmer schleichen, Schnuller suchen, gemeinsam in der Badewanne sitzen, Kinderkrankheiten googeln, die Geburtsnarben verblassen sehen. Vorsätze über Bord werfen! Beim Impfen mitleiden, Stilltee trinken, von Erziehungstipps genervt sein, immer noch Umstandsjeans tragen, im überfüllten Wartezimmer beim Kinderarzt sitzen, stundenlang den Kinderwagen schieben, Rückenschmerzen

vom Tragen haben, Elterngeld-Anträge ausfüllen, im Rückbildungskurs dauerstillen, die ersten Schritte herbeisehnen, Kinderlieder singen. Die erste Nacht durchschlafen! Kitas abklappern, vor Liebe platzen, vor Wut auch. Warum hat uns niemand gesagt, dass Muttersein so umfassend ist?

Du tauchst auf, schnappst nach Luft. Legst dich auf den Rücken, lässt dich treiben, guckst in den Himmel und siehst die Sonne.
Ja, manchmal scheint es, als würden wir untergehen, uns selbst verlieren, keinem gerecht werden. Und doch ist da dieses Gefühl, das alles überwiegt: GLÜCK. Das Glück, dass du diesen kleinen Menschen geboren hast, ihn begleiten darfst, ihn riechen und anschauen kannst. Nichts ist dir wichtiger als dieses Baby.

Du hast so auf dieses Kind gewartet, es herbeigesehnt. Und nun liegt es in deinen Armen. Es ist ein Wunder: Du hast ein Kind geboren, ihm das Leben geschenkt.

Früher hast du gedacht, du bräuchtest so viel, um glücklich zu sein. Einen besseren Job, eine größere Wohnung, eine schlankere Taille, mehr Freunde. Das alles ist nun erst mal unwichtig.

Früher hast du gedacht, du müsstest dich beweisen, dich mehr anstrengen, fleißiger sein. Jetzt liegst du still da und alles ist gut. Du wirst geliebt, ganz einfach, weil du DU bist. Du bist die beste Mutter, die sich dein Baby wünschen kann.

HINWEIS: SOLLTE DIES DER ERSTE TEXT SEIN, DEN DU IN DIESEM BUCH LIEST, IST ES EMPFEHLENSWERT, IHN NACH DEM DURCHLESEN DES GESAMTEN BUCHES NOCH EINMAL ZUR HAND ZU NEHMEN. DENN EINIGE MONATE SPÄTER WIRST DU IHN VERMUTLICH MIT GANZ ANDEREN AUGEN LESEN ...

— ZAHLEN & FAKTEN —

WAS MACHT UNS EIGENTLICH NACHHALTIG GLÜCKLICH?

Glück ist nicht nur ein wunderbares Gefühl, sondern kann tatsächlich auch wissenschaftlich erforscht werden. So geschehen an der berühmten Harvard-Universität: 75 Jahre lang beschäftigten sich die Forscher dort mit der Frage: »Was macht uns wirklich glücklich?« Sie befragten und untersuchten dafür Hunderte Menschen. Die Antwort: Es sind nicht Geld, tolle Urlaube oder körperliche Gesundheit, die uns dauerhaft glücklich machen. Professor Robert Waldinger, der Teile der Studie betreute, fasst das Ergebnis so zusammen:

»Gute Beziehungen machen uns glücklicher und gesünder. Punkt.«

Dabei gehe es nicht um die Anzahl der Freunde, ob man verheiratet sei, ob man ein Kind oder viele habe. Es gehe rein um die Qualität der Beziehung. Heißt für uns also: Die Nähe zu einer besonderen Mama-Freundin, die Liebe zu unserem Partner oder die enge Bindung zu unserem Kind – das ist es, was unser Herz wirklich braucht.

Dein Glück
hat einen Namen!

Wie hätte dein Kind geheißen, wenn ...

... dein Partner den Namen alleine entschieden hätte

... es nach deiner Schwiegermutter gegangen wäre

... ihr es nach dem Ort der Zeugung benannt hättet

... es nach deinen Schwangerschaftsgelüsten benannt wäre

... es den Spitznamen aus der Schwangerschaft
bekommen hätte

... es den Namen eures Paketboten tragen würde

... wenn es ein Mädchen/Junge geworden wäre

_____

... wenn du den jetzigen Namen rückwärts buchstabierst

_____

Dein Kind heißt

_____

weil

_____

_____

IN EIGENER SACHE:

In diesem Kapitel geht es an einigen Stellen darum, wie es sich anfühlt, ein Kind selbst auf die Welt zu bringen. Wir sind uns durchaus bewusst, dass nicht alle Babys von ihrer Mama geboren wurden. Das ändert aber rein gar nichts an der Tatsache, welch großes Glück wir für unsere Kinder empfinden und welch unbändige Liebe uns durchströmt, wenn wir unser Baby anschauen. Dabei spielt es keine Rolle, ob es ein leibliches ist, ein angenommenes, ein gepflegtes, ein adoptiertes: Muttergefühle sind Muttergefühle. Und eine Mama ist eine Mama.

Das Glück
in den kleinen Momenten

 Wenn zarte Löckchen nach süßlichem Baby-schweiß duften …

 Wenn beim Einschlaf-Summen am Abend nackte Kinderzehen deine Beine unter der Decke berüh-ren …

 Wenn ein müdes Köpfchen sich an deine Schulter schmiegt und dir warm wird, als sei deine Haut aus Pergamentpapier …

 Wenn dein Baby sich mit Milch das Gesicht be-sprenkelt und sich vor Lachen kringelt …

 Wenn dich dein Kind feste drückt, weil es merkt, dass du grad traurig bist …

 Wenn dein kleines, großes Baby vor dem Ein-schlafen den letzten tiefen Seufzer tut …

 Wenn auch beim hundertsten Mal Vorlesen des Lieblingsbuches noch diese Begeisterung in den kleinen Augen funkelt …

 Wenn es sich verträumt mit seinem Schlabber-Schlafanzug morgens in deinem Bett ganz nah an dich kuschelt …

»... denn dass du müde bist, hat einfach den wunderschönsten Grund der Welt ...«

Manchmal spüren wir unser Glück bewusster, wenn wir mal kurz davor waren, es zu verlieren. Nicole Staudinger, Schlagfertigkeitsqueen, Bestsellerautorin und Zweifachmutter, hat hier einmal aufgeschrieben, warum sie es wichtig findet, uns sogar ab und zu mal über unseren Schlafmangel zu freuen.

Ja, ist das denn zu glauben? Jetzt bist du wirklich Mama. Da liegt nun also wahrhaftig ein echter, ein perfekter, ein quicklebendiger, neuer Mensch vor dir. Es gibt doch wohl nichts, aber auch gar nichts, das mit diesem Gefühl auch nur annähernd zu vergleichen wäre, oder?

Und trotzdem merkst du in diesem wichtigen ersten Jahr mit Kind, wie du auch mal an deine Grenzen stößt. Mama sein ist nicht immer leicht. Nein, auch mir strahlt nicht rund um die Uhr die Sonne aus dem Hintern. Da können die perfekt gestylten Mamas auf den Werbeplakaten und in den Hochglanzheftchen noch so grinsen und uns suggerieren, dass wir jetzt verdammt nochmal 24 Stunden am Tag vor Glück weinen sollten.

Es ist nicht immer alles eitel Sonnenschein. Da mischen sich manchmal eben auch ganz viele andere Gefühle in unseren Glückscocktail hinein. Total normal! Geht wirklich allen so. Trotzdem sollten wir uns in diesen schwierigeren Momenten nicht verlieren.

Lasst uns vor lauter Stress, den wir mit unserem Baby und dem neuen Alltag erleben, nicht das Glück übersehen, das wir mit ihm haben.

Es ist nicht selbstverständlich, schwanger zu werden. Eine Geburt zu erleben. Mit einem Kind den Alltag teilen zu dürfen.

Für mich ist es das pure Glück, dass ich das alles erfahren darf. Ja, selbst die durchwachten Nächte, die tosenden Wutanfälle.

Denn sie gehören nicht nur zum Leben, sondern sie zeigen auch, dass wir lebendig sind. Dass wir zusammen sind. Dass wir das alles, die guten und die schlechten Momente, miteinander teilen dürfen.

Hä?, wirst du jetzt sagen. Das ist aber weit hergeholt. Nee, ist es leider nicht.

Ein quengelndes Kind? Das doofe, tägliche Aufräumen? Die Frage, was ich kochen soll? Lange waren das Nerv-Faktoren in meinem Alltag. Bis zu diesem einen Tag, der alle meinen Prioritäten über den Haufen warf und eine Neuordnung verlangte.

Denn zwei Tage nach meinem 32. Geburtstag wurde mir der Boden unter den Füßen weggerissen. An diesem Tag bekam ich die Diagnose Brustkrebs. Als Mama! Das durfte doch wohl nicht wahr sein.

Fünf Jahre sind seither vergangen. Und kein Witz: Jeder Morgen, an dem ich meine Kinder begrüßen darf, macht mich noch immer unglaublich glücklich.

Das heißt jetzt natürlich nicht, dass du nicht auch mal jammern darfst. Mütter dürfen IMMER jammern. Aber diese doofen, genervten, düsteren Gedanken sollten dieses Glück, das wir da mit unserer kleinen Familie haben, nicht erdrücken.

Und so gut und toll wir Mamas auch immer alles machen wollen: In meinem Leben hat Perfektion keinen Platz mehr. An ihre Stelle treten Kuscheln, Vorlesen, schief Singen oder blöd Rumtanzen, bis nur noch Lächeln übrig ist. Denn mal ganz ehrlich: Habt ihr schon mal ein Kind sagen hören: »Ach Mama, was hatte ich heute einen schönen Geburtstag! Und das Schönste war, dass das Badezimmer so sauber war«?

Sagen Kinder nicht. Interessiert sie gar nicht. Mich auch nicht mehr. Es gibt so viel Wichtigeres im Leben …

Pack dir dein Glück und schau es dir genau an:
Denn dass du müde bist, hat einfach den
wunderschönsten Grund der Welt …

Ein Foto
und seine Geschichte

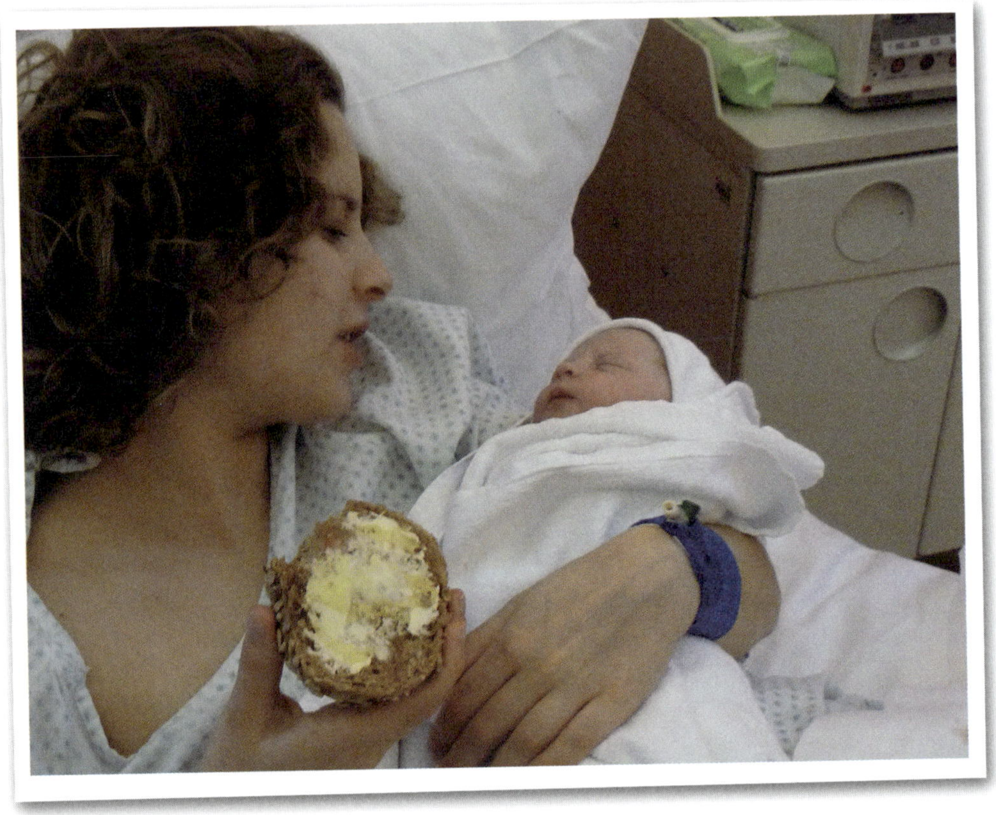

>> Manchmal sieht man uns unser Glück nicht gleich an. Mein Gesicht mag nicht das Strahlendste sein, aber das Gefühl, das ich in diesem Moment hatte, war einfach unvergleichlich.

Auf diesem Bild ist meine Tochter etwa eine Stunde alt. Wie erschöpft ich war, wie glücklich, wie ungläubig, wie erfüllt, wie stolz – und wie hungrig.

Die Geburt meiner Tochter wurde eingeleitet, zog sich über drei Tage hin, ehe die Kleine an einem Dienstag um 6.50 Uhr auf die Welt kam. Als die Hebamme mich kurz nach der Geburt fragte, ob ich noch etwas brauche, sagte ich: Ein Frühstück, genauer gesagt, ein Honigbrötchen.

Und tatsächlich brachte mir mein Mann kurz darauf genau dieses Honigbrötchen in den Kreißsaal. Ich glaube, nie hat der Honig süßer geschmeckt als in dem Moment, als ich ihn mit meinem frischgeborenen Baby im Arm aß. Dieser magische Moment, in dem die Anstrengung der Geburt plötzlich abfällt, in dem der Schmerz einfach weg ist – und der ganze Körper und das Herz überflutet wird mit Glücksgefühlen. Dieser Moment, in dem die Welt stillsteht, weil ein neuer Mensch seine ersten Minuten erlebt. In diesem kleinen Raum in einem großen Berliner Krankenhaus waren wir nun eine Familie.

Ich sehe in mein Gesicht und weiß heute, dass ich damals keine Ahnung hatte, was die Mutterschaft mit mir machen würde. Durch welche Höhen und Tiefen ich gehen würde. Ich konnte mir nicht vorstellen, dass dies der erste Tag meines völlig neuen Lebens sein würde.

Ich sehe in mein Gesicht und kann immer noch spüren, wie glücklich ich in diesem perfekten Moment war. <<

Wow, bin ich unsicher

VON KATHARINA

Alles so neu! Wenn die Mutterschaft ganz anders ist als erwartet

Es fühlt sich so an, als würden wir bei der Geburt nicht nur ein Baby bekommen, sondern unzählige Fragezeichen dazu. Gratis, frei Haus. Wie die lästigen Werbezettel bei einer Onlinebestellung. Niemand will sie, aber sie werden einfach mitgeliefert. Unser Selbstbewusstsein mag jetzt eine Zeit lang wackeln, aber es kommt wieder – und zwar größer als zuvor. Bis dahin können wir viel Druck von uns nehmen, wenn wir uns klarmachen, dass wir alle als Anfänger in das Abenteuer Mutterschaft eintauchen. Und jedem Anfang wohnt nun mal eine Unsicherheit inne ...

Ich weiß, es ist gerade alles etwas viel. Die Geburt ist noch nicht lange her, vielleicht hast du Schmerzen, vielleicht klappt das Stillen nicht. Wahrscheinlich fahren deine Hormone Karussell und du fühlst dich von all den Veränderungen überfahren.

Vermutlich dachtest du, dein Leben wird trotz Baby einfach so weiterlaufen. Du wollest cool und entspannt sein, weiterhin deine Freunde treffen und überhaupt alles ganz easy peasy angehen.

Und nun sitzt du in Jogginghose auf dem Sofa, dein Oberteil ist voller Milchflecken, du hast seit der Geburt nicht mehr ordentlich geschlafen. Du duschst in Rekordzeit und dein Make-up vergammelt im Schrank. Es ist alles neu – und eben manchmal auch zu viel. In deinem Kopf fahren die Gedanken nonstop Achterbahn.

Auf der einen Seite ist da diese übergroße Liebe zu deinem Baby. Manchmal liegst du nur da und starrst es an, kannst es nicht fassen und kaum atmen vor Glück.

Auf der anderen Seite ist da diese übergroße Herausforderung. Warum brüllt das Baby jetzt? Hat es schon wieder Hunger? Ist es müde? Ist es krank? Mache ich das alles richtig? Wo bleibe *ich* in diesem ganzen Theater und wann habe ich das letzte Mal eigentlich ein normales Gespräch mit meinem Partner geführt?

> MUTTERSEIN IST WIE DAS FALTEN EINES SPANNBETTLAKENS – NIEMAND WEISS, WIE ES RICHTIG GEHT.

Und als wäre das alles noch nicht genug, spürst du den Erwartungsdruck von außen auf deinen Schultern. Die Großeltern wollen das Baby sehen, was ja eigentlich schön ist. Aber Besuche kosten dich viel Kraft. Jeder will das Baby anfassen und herumtragen. Und das macht dich nervös.

Deine Freundinnen kommen vorbei und erzählen dir von »draußen«. Sie sind eine Spur zu laut, reden und reden. Und du hast Mühe, nicht auf dem Sofa einzuschlafen. Ihre Wirklichkeit ist gerade so weit von deiner weg.

Aber du sagst nichts. Nicht zu den Großeltern, nicht zu all den anderen, die ebenfalls ständig ungefragt ihre Meinung äußern. »Du musst unbedingt ...« ist der Satz, den du gerade am häufigsten hörst. »Du musst unbedingt das erste Jahr stillen« oder

»Du musst dem Kind die Flasche geben, sonst wird es nicht satt." Sicher hat auch schon mal jemand gesagt: »Du musst das Kind daran gewöhnen, alleine einzuschlafen" oder »Du musst auf jeden Fall ein Jahr zu Hause bleiben, sonst gefährdest du die Bindung zu deinem Kind."

Aber ich sage dir jetzt eins: Du musst gar nichts.

Du musst nicht cool und easy peasy sein. Du musst nicht ständig Besuch empfangen, wenn du das eigentlich gar nicht willst. Du musst auch nicht ständig darauf Rücksicht nehmen, was andere gerade wollen. Du musst nicht so ticken wie vor der Geburt. Du musst nicht auf die Meinungen anderer hören. Du musst nicht wieder schlank sein. Du musst nicht stillen, um zu zeigen, dass du dein Kind liebst. Du musst nicht gegen deinen inneren Drang darauf bestehen, dass das Baby im eigenen Bett liegt. Du musst nicht automatisch zu Hause bleiben, obwohl du deinen Job schmerzlich vermisst. Das Kind hat ja auch einen Vater, der Elternzeit nehmen kann. Du musst dich nicht nonstop in Watte packen – wenn du Lust hast rauszugehen, unternimm was!

DU HAST ECKEN UND KANTEN? TJA, DIAMANTEN SIND HALT AUCH NICHT RUND.

DU bist die Mutter. DU und dein Kind, Ihr werdet gemeinsam herausfinden, was sich gut anfühlt und was nicht. Natürlich bist du momentan noch unsicher – aber das ist doch klar. Du betrittst jeden Tag eine neue Welt, alles ist spannend, von so vielem hast du noch nie was gehört. Woher sollst du wissen, was für euch richtig ist?

Aber sei dir gewiss: Was sich im Alltag bewährt, wie euer Weg aussehen soll – das wirst du nach und nach spüren. Für dich und deine Überzeugungen einzustehen, mag anfangs nicht ganz leicht sein. Aber das wirst du lernen. Und dann bist du ein großes und stolzes Stück weiter in deinem Frausein.

Sei gnädig und geduldig mit dir ... Die ersten Wochen und Monate mögen auch mal hart sein. Aber versuch, nicht an dir zu zweifeln. Du machst das toll. Du machst das großartig.

Mutterschaft ist eine lange Reise, du stehst erst am Anfang. Mit jedem Schritt wirst du sicherer werden. Jeder Schritt bringt dich weiter. Klar, einige Stolpersteine wird es geben. Aber das Wichtigste hast du bereits im Gepäck. Es wird dir über alles hinweghelfen: die Liebe. Die Liebe, die dich zu der Mutter macht, die du bist.

Vertrau dir. Dir. Und deinem Baby. Und eurer kleinen Familie. Denn ... alles wird gut. Bestimmt!

Sieben Stufen der (Un-)Sicherheit

ICH BIN DIE BESTE
MAMA FÜR MEIN KIND

ICH KANN DAS WIRKLICH!

ICH MACH DAS ALLES
GAR NICHT SO SCHLECHT ...

ACH, LECKT MICH DOCH.
WIRD SCHON!

ICH GLAUB, ICH
LESE MAL WAS DAZU ...

WIE SOLL DAS
DENN BITTE GEHEN?

ICH MACH
ECHT ALLES
FALSCH ...

Unsicher? Na klar! Ein Baby kommt schließlich ohne Anleitung daher

Jana Friedrich von hebammenblog.de begleitet seit über 20 Jahren Geburten in Berlin und weiß dadurch sehr genau, mit welchen Fragen und Unsicherheiten sich junge Mütter heute konfrontiert sehen.

Liebe Jana, Stillen oder Flasche, Tragen oder Schieben, Schulmedizin oder Homöopathie, Verwöhnen oder Abhärten, Stoff- oder Wegwerfwindel, Gläschen oder Brei selber kochen: Das erste Jahr mit Baby ist ein Jahr der Entscheidungen. Welchen Tipp hast du für Mütter, die sich in diesem Dschungel an Möglichkeiten zurechtzufinden versuchen?

O ja, als Mutter kann man nichts richtig machen – egal, wie perfekt man vermeintlich ist, es werden sich immer Kritiker finden. Mein Tipp daher: Schafft euch ein dickes Fell an und macht euer Ding. Es geht um eure höchst privaten Entscheidungen.

Sicher ist es aber sinnvoll, sich im Vorfeld mit den Bedürfnissen eines Babys auseinanderzusetzen und sich zu informieren, welche Möglichkeiten es gibt. Hebammen beraten da gerne.

Wichtig finde ich auch, dass Eltern offen bleiben, sich ihre Lebensumstände und ihr Baby genau ansehen. Ich habe zum Beispiel schon oft Paare erlebt, die vor der Geburt schworen, ihr Kind würde niemals einen Platz im Ehebett einnehmen, und dann war das Baby da und hat nie woanders geschlafen …

Alles an unserem Baby wird überprüft, gemessen und durchgecheckt, das beginnt ja bereits in der Schwangerschaft mit dem Ultraschall und geht dann weiter mit den Maßangaben im gelben U-Heft des Kinderarztes. Wie kann ich mich denn da frei machen von Druck und Unsicherheit, wenn sich mein Baby eben nicht immer exakt nach der vorgegebenen Tabelle entwickelt?

Menschen sind nicht genormt. So wie Kinder schon im Bauch sehr unterschiedlich wachsen, unterschiedlich aktiv – und zu ganz verschiedenen Zeiten geburtsreif sind, so verschieden sind Kinder eben auch, wenn sie auf der Welt sind. Es gibt Kinder, die sprechen früh, bewegen sich aber kaum vom Fleck – und es gibt motorisch begabte Kinder, die erst ganz spät sprechen lernen.

Auch hier sollten wir Eltern uns locker machen und die Vielfalt feiern. Nur, wenn ein Kind wirklich extrem aus allen Rastern fällt, sollte man beim Kinderarzt nachfragen und zur Not auch mal eine zweite Meinung einholen. Meine Erfahrung sagt, dass Eltern meist selbst merken, ob mit ihrem Kind alles o. k. ist.

Viele Mütter fühlen sich heute stark verunsichert in ihrem Alltag mit Baby. Sie wollen alles richtig machen, wissen aber nicht so recht, wie. Was meinst du, worin diese Verunsicherung hauptsächlich begründet liegt?

Das liegt wahrscheinlich zum einen daran, dass es nur noch so wenige Großfamilien gibt – das heißt, die eigene Mutter oder Oma sind nur selten zum Helfen da. Zum anderen sind wir es inzwischen gewöhnt, in Projekten zu denken. Wir planen und machen To-Do-Listen, schaffen vermeintliche Must-haves an. Und dann kommt das Baby, bringt keine Gebrauchsanweisung mit und ist ganz anders, als man es sich vorgestellt hat. Plötzlich funktioniert das ganze Projektmanagement nicht mehr.

Viele Eltern trauen sich aber nicht, einfach mal nach ihrem Gefühl zu handeln. Man könnte ja die ganze Programmierung durcheinanderbringen. Davor wird ja auch immer gewarnt: »Wenn du das Kind erst mal in deinem Bett schlafen lässt, bekommst du es da nie wieder raus!« Oder: »Verwöhn es nicht so, sonst wird es ein Tyrann.«

Glücklicherweise merken heute immer mehr Eltern, dass diese »Weisheiten« totaler Quatsch sind. Eigentlich geht es nur darum, dass Eltern ihren eigenen Weg finden, der zu ihnen und zu dem Kind passt. Leider gibt es kein Patentrezept, das für alle Familien passt, dafür sind wir einfach alle zu unterschiedlich. Das Gute: Glücklicherweise wächst man in die Elternschaft irgendwann von ganz alleine rein.

»PERFECT PARENTS EXIST, BUT THEY DO NOT HAVE KIDS YET.«

Unser Bullshit-Bingo fürs erste Jahr mit Kind

Wie viele Treffer sind es bei dir?

Mit Kind im FAMILIENBETT? Wann und wo habt ihr denn Sex?	LANGWEILST du dich zu Hause nicht?	Unsere Männer HABEN JA FRÜHER nicht so viel geholfen.
Du musst auch mal KONSEQUENT bleiben.	Du gibst Gläschen? DA WEISST DU JA GAR NICHT, WAS DRIN IST.	GENIESS ES! Kleine Kinder kleine Sorgen, große Kinder, große Sorgen.
Ihr habt noch KEINEN KITA-PLATZ?	Dein Mädchen trägt BLAU/ dein Junge ROSA?	WIE LANG WILLST DU ES DENN NOCH in den Schlaf begleiten?
Mein Kind bekam ja im ersten Jahr NICHTS SÜSSES.	Hast du dich nicht mal zu IMPF-SCHÄDEN belesen?	STILLEN IST LIEBE.
Du musst auch LOSLASSEN können ...	Kriegt das Kind GENUG LUFT im Tragetuch?	Ratgeber lesen? Hör doch lieber auf dein BAUCHGEFÜHL!
Meinst du nicht, der Schnuller VERFORMT DEN KIEFER?	Du willst JETZT schon wieder arbeiten gehen?	Haare schneiden vor dem ersten Geburtstag BRINGT DOCH PECH, oder?

Wie ist es denn im Mutterschafts-URLAUB?

Tu doch endlich mal wieder was FÜR DICH!

Hast du es schon mal mit GLOBULI versucht?

Ja, willst du denn gar nicht zurück IN DEN JOB?

SCHLÄFT ES SCHON DURCH?

BEI UNS hätte es das ja nicht gegeben.

Das Kind hat bestimmt HUNGER.

Das ist doch alles nur eine PHAAAAAASE …

SCHLAF, wenn das Kind schläft.

Führt das nicht zu einer SAUGVERWIRRUNG?

Kinderwagen? TRAGEN ist eigentlich besser für die Bindung.

Feuchttücher machen nur WUND – benutz lieber nur Wasser.

Musst du denn bei JEDEM MUCKS direkt aufspringen?

Pass auf, dass du das Kind nicht VERWÖHNST!

Kriegt es davon keine BAUCH-SCHMERZEN?

Wann kommt denn das ZWEITE KIND?

WEGWERF-WINDELN? Im Ernst?

DU STILLST NOCH?

WARUM ES VOLLKOMMEN O. K. IST,
ALS MAMA ERSTMAL UNSICHER ZU SEIN

Im Märchen wäre es so: Das Baby wird geboren und von jetzt auf gleich ist die Welt rosarot. Die Mutter geht in ihrer Mutterrolle auf, empfindet nur Glück, es regnet rosa Herzchen und überhaupt gibt's nur Friede, Freude, Eierkuchen.

Die Realität: Das Baby wird geboren – und die Welt der Frau steht kopf. Eine amerikanische Studie fand nun heraus, dass es im Schnitt fünf Monate dauert, bis eine Frau sich in ihre neue Rolle eingefunden hat und sagen kann: »Jetzt fühle ich mich zu 100 Prozent als Mutter.«

57 Prozent der befragten Frauen gaben an, dass sie sich in den ersten Monaten nicht vorstellen konnten, dass sich dieses neue Leben mit Baby jemals normal anfühlen könne.

Ein Fünftel der Mütter schämte sich für diese Aussagen und die Unsicherheit in den ersten Monaten – wir hoffen, du tust das nicht. Denn du siehst: Es ist ganz normal, nicht ab Sekunde eins und ab dann rund um die Uhr die glückliche Super-Mama zu sein, die bunte Konfettis aus dem Allerwertesten pustet.

Ratgeber vs. Bauchgefühl: »Die Erkenntnis, nicht direkt instinktiv zu wissen, was mein Kind braucht, war für mich ein ziemlicher Schock.«

»Du musst einfach nur auf dein Bauchgefühl hören, dann wird schon alles gehen.« Das ist wohl der Tipp, den wir im ersten Jahr mit Kind am häufigsten zu hören bekommen. Aber reicht das? Danielle Graf, Mit-Autorin des Bestsellers »Das gewünschteste Wunschkind aller Zeiten treibt mich in den Wahnsinn« erzählt hier, wie es ihr selbst mit dem Hinweis auf ihr Bauchgefühl ging. Und warum sie findet, dass Expertentipps und Ratgeber trotzdem sinnvoll sind. Denn nur weil jemand diese liest, heißt das ja nicht, dass der- oder diejenige gänzlich ohne Bauchgefühl erzieht …

»Ich musste sehr lange auf meine erste Tochter warten, drei künstliche Befruchtungen waren nötig, bis ich sie endlich in die Arme schließen durfte. Vor der Geburt fühlte ich mich gut vorbereitet, die Erstausstattung lag säuberlich sortiert in den Schränken, und auf meinem Tisch wartete ein Babybuch-Klassiker für das erste Jahr mit Kind, um gelegentlich nachzulesen, wie sich das Kind entwickelt, wie man Beikost einführt oder was man bei Babys erstem Schnupfen alles machen kann.

Es konnte losgehen – ich war voller Vorfreude und hatte keinerlei Bedenken, dass etwas nicht klappen könnte, schließlich hatten Milliarden Frauen vor mir Kinder bekommen – mein Bauchgefühl würde mir schon sagen, was ich tun sollte.

Im März 2009 war es dann so weit. Die Geburt war lang und schmerzhaft, und danach war ich froh, als die Schwestern mein Kind nach dem Kennenlernen mit ins Babyzimmer nahmen, damit ich ein paar Stunden schlafen konnte. Nach einer halben Stunde jedoch wurde mir mein Kind wiedergebracht – mit dem etwas entnervten Hinweis: »Sie beruhigt sich gar nicht und schreit die ganze Zeit!«

Hm, was tun? Die Schwestern sagten, ich solle sie anlegen, sooft sie danach verlange, das brächte die Milchbildung in Schwung. Ich ließ sie also stundenlang an meiner Brust nuckeln, wo sie sich auch vorübergehend beruhigte.

Sobald sie kurz eingeschlummert war und ich sie in ihr Bettchen legen wollte, war sie aber sofort wieder wach – und brüllte aus Leibeskräften. Ich war ratlos. Etwas neidisch schielte ich auf die anderen Mütter, die ihre Neugeborenen in ihren Wägelchen friedlich schlummernd umherschoben – nur mein Kind dachte überhaupt nicht dran, mal zu schlafen.

Auch die Säuglingspflege überforderte mich erst einmal vollkommen. Das Baby war so klein, so zerbrechlich! Ich hatte vorher noch nie ein Baby im Arm gehabt und beobachtete staunend, wie die Schwestern mein Kind routiniert badeten, wickelten und anzogen – für mich selbst eine riesige Herausforderung, die mir den Angstschweiß auf die Stirn trieb und gefühlt Stunden dauerte!

Das waren die ersten Momente, in denen ich zweifelte. An mir, an meinem Instinkt, an der Gerechtigkeit. Warum lief eigentlich nicht alles wie von selbst? Warum fühlte ich mich so unsicher, so voller Zweifel? Im Grunde hatte ich erwartet, dass ich vom ersten Moment an instinktiv und intuitiv wissen würde, was mein Kind braucht und wie ich mich anstellen muss. Die Erkenntnis, dass dem nicht so ist, war für mich ein ziemlicher Schock.

»Das Kind hat Hunger, legen Sie es doch mal an«, sagte die Schwester, und am liebsten hätte ich ihr dafür eine Blumenvase an den Kopf geschmissen. Mein Kind konnte keinen Hunger haben – es lag seit einem Tag ununterbrochen an der Brust und saugte. Nach 20 Stunden Dauernuckeln waren meine Brustwarzen natürlich wund und ich am Ende meiner Kräfte.

Unter Tränen entschied ich mich also fürs Zufüttern, was mir die Schwestern schließlich vorschlugen. Schlagartig war Ruhe. Mein Kind ließ sich ablegen, drehte den Kopf zur Seite und schlief fünf Stunden. Kein Instinkt hatte mir gesagt, dass sie Hunger haben könnte – schließlich war sie doch ununterbrochen an der Brust gewesen! Mein Bauchgefühl hatte zum ersten Mal komplett versagt.

Etwa 72 Stunden nach der Geburt kam der Milcheinschuss, und mein Kind konnte sich satt trinken – die Stillbeziehung entwickelte sich danach vollkommen harmonisch, aber mein Glaube daran, dass die Natur es schon richten wird, war grundlegend erschüttert.

Ganz offenbar machte ich wirklich etwas falsch – also begab ich mich auf Ursachenforschung und auf die Suche nach Lösungsansätzen. Ich begann, mich durch die Ratgeberliteratur zu lesen – Largos »Babyjahre«, »In Liebe wachsen« von Gonzales, »Kinder verstehen« von Renz-Polster.

Nach und nach dämmerte mir, dass gar nicht mein Kind außergewöhnlich war, sondern vielmehr meine Erwartungen.

Ich habe mich seitdem intensiv mit dem Thema Bauchgefühl und Mutterinstinkt auseinandergesetzt und war überrascht, dass nicht wenige

Wissenschaftler die Existenz eines naturgegebenen »Mutterinstinktes« tatsächlich bezweifeln.

Im Laufe unseres Lebens sammeln wir unterschiedliche Erfahrungen, haben vielfältige Erlebnisse, werden durch Gelesenes und Gehörtes beeinflusst und speichern alle Einflüsse der Umwelt im Unterbewusstsein ab.

Wer also Babys in seiner Umgebung schreien sah, hat abgespeichert, welche Methoden und Strategien erfolgreich waren, um die Kinder zu beruhigen – wenn wir nun das eigene Kind beruhigen wollen, wenden wir unterbewusst das als erfolgreich erlebte Verhalten anderer an – ohne uns darüber im Klaren zu sein, dass das Gefühl »Ich scheine intuitiv zu wissen, wie es geht!« eigentlich nur das Ergebnis unserer Erfahrungen ist. Das erklärt auch, warum ich meinem schreienden Säugling gegenüber so hilflos war – ich hatte nie im Leben bei anderen wirklich beobachtet, wie man ein Baby »richtig« tröstet.

Ich habe mich auch immer gewundert, warum der vermeintlich einfache Vorgang des Stillens so problembehaftet ist und es zum Anlegen fachkundliche Hilfe braucht. Offenbar kann man nicht instinktiv oder intuitiv stillen.

Auch als meine Tochter ab der dritten Lebenswoche Abend für Abend aus Leibeskräften schrie und einfach nichts half, war ich der Verzweiflung nah. Ich las von Dreimonats-Koliken, die eigentlich »unspezifisches Schreien« heißen müssten, weil es sich dabei nicht um eine Verdauungsstörung, sondern um ein Problem mit der Selbstregulation handelt.

Etwa vier Wochen lang lebten wir in einer Ausnahmesituation – überfordert, übermüdet, überlastet und voller Zweifel. Ich verstand es einfach nicht – ich gab mir die größte Mühe, hörte auf mein Bauchgefühl und hatte dennoch ein permanent unzufriedenes Kind.

Ich wollte so gerne auch ein pflegeleichtes Baby haben. Offenbar machte ich also etwas falsch. Mein Kind schlief die ersten Monate nur bei Staubsaugergeräuschen ein, es hasste schlafen. Es ließ sich nicht ablegen. Vielleicht war mein Kind auch einfach »kaputt« – alle anderen Kinder in der Krabbelgruppe schliefen länger, besser, und überhaupt – bei denen wirkte alles unkompliziert. Ich glaube, da wurde auch gut geflunkert … trotzdem: Irgendetwas musste doch helfen?!

In der sechsten Lebenswoche schenkte uns ein Freund das Buch von Dr. Harvey Karp »Das glücklichste Baby der Welt«. Karp erklärt darin, dass Babys eigentlich drei Monate zu früh auf die Welt kommen und in der Zeit zur Beruhigung eine mutterleibähnliche Umgebung benötigen.

Ein Element der Methode ist das Pucken – niemals wäre ich instinktiv auf die Idee gekommen, dass mein Baby einfach an Überreizung und Übermüdung litt und es ihm helfen würde, es so fest einzupacken, dass es die Arme nicht mehr bewegen kann. Und siehe da: Die Methode funktionierte und entspannte unser Leben enorm. Kein Bauchgefühl der Welt hatte mir diese Idee liefern können.

Es muss also nicht Ratgeber oder Bauchgefühl heißen – sondern Ratgeber UND Bauchgefühl. Der Bauch sagte mir, wir müssten etwas ändern. Und die erhellenden Worte von Experten brachten den Durchbruch. Ein perfektes Zusammenspiel, das unsere Lebensqualität enorm gesteigert hat.

VON LISA

Ein Foto und seine Geschichte

>> Eigentlich hatte dieser Tag im Frühsommer ganz gut begonnen. Die Nacht war o.k. gewesen, die Sonne schien und ich war mit dem geliehenen Buggy einer Freundin unterwegs.

Es war nur ein winzig kleiner Moment, der Bruchteil einer Sekunde, in dem ich mich kurz bückte, um den Sturzbügel anzubringen – die Anschnaller allerdings noch nicht festgezurrt waren. Dann hörte ich, wie sie fiel. Rumms. Mit dem Gesicht nach vorne auf den Schotterweg. Mein Mädchen!

Sofort nahm ich sie hoch, ihr Gesicht voller Kiesel und Blut. Ich rannte zum nächsten Kiosk und bat um Wasser, mein

Baby schrie, als gäbe es kein Morgen ... Ich rief aus Reflex den Krankenwagen. Die Rettungsstelle fragte, ob sie bewusstlos gewesen war. Nein. Wie alt sie sei, welches Geschlecht. Minuten später Blaulicht und Tatütata. Ich hob mein schluchzendes Töchterchen auf die riesige Bahre.

Die Sanitäter waren freundlich, aber bestimmt. Es gäbe keinen Grund, uns mit in die Klinik zu nehmen. Der erste Unfall. Mein Baby! Eine Beule an der Stirn, eine leichte Abschürfung an der Nase. Die Lippe dick, weil eins ihrer drei Zähnchen sich beim Sturz hineingebohrt hatte. Nichts Schlimmes, für mich in diesem Moment aber das Ende der Welt.

Ich konnte nächtelang nicht schlafen. Ich hatte mein Baby nicht beschützen können. War ich überhaupt fähig, eine gute Mutter zu sein? Was, wenn ich Fehler machte, die schlimmer ausgingen als dieser? Meine Entscheidungen und ja, auch die Fehlentscheidungen hatten ab jetzt Gewicht. Und was für eines!

Hatte ich bis zu diesem Moment noch gedacht, ich müsste Ernährungswissenschaften studiert haben, um bei der Einführung von Beikost alles richtig zu machen, wusste ich ab hier, dass es eben oft um viel mehr ging als um die Entscheidung Pastinake oder Möhre. Und natürlich würde ich auch wieder Fehlentscheidungen treffen oder mal unachtsam sein.

Auch Mütter sind nur Menschen. Selbstzweifel gehören dazu und können uns sogar zu besseren Menschen machen. Weil wir schauen, was wir besser machen könnten. Aber am Ende sind wir uns trotz all unserer Unsicherheiten und Fehler doch einig, dass vor allem eines zählt: nämlich, dass es uns und unseren Kindern gutgeht. Und wir uns gemeinsam halbwegs heil durch dieses Leben wurschteln. **«**

Wow, bin ich müde

VON LISA

Stille Nacht, heilige Nacht?
Schön wär's ...

HINWEIS: FALLS DU ZU MÜDE BIST, DIESEN TEXT ZU LESEN.
LIES IHN IN STÜCKEN.

Dass das Thema Schlaf einmal ein so dominierendes in unserem Leben werden würde, damit hätten wir vor der Geburt unseres Kindes wohl nicht gerechnet. Klar, er würde weniger werden. Aber wir hatten ja schließlich auch schon mal freiwillig Nächte durchgemacht ... Falsch gedacht! Denn die Müdigkeit, die durch ein Kind entstehen kann, lässt sich mit Partynächten nicht vergleichen ....

Ich möchte liegen. Egal wo. Wenn wir hier bei »Wünsch dir was« wären, würde ich jetzt gern mit meinem Baby tauschen. Ich möchte mich in dieses flauschige Lammfell im Kinderwagen kuscheln und von meiner Mama durch die Gegend geschuckelt werden. Immer öfter ertappe ich mich bei diesem Gedanken. Wie schön das wäre, einfach durch die Straßen geschoben zu werden, mit Wind um die Nase und der Gewissheit, dass immer jemand für mich da ist. An nichts denken zu müssen außer an meine Grundbedürfnisse: essen, schlafen, kuscheln. Ich schiebe also eine weitere Runde durch unseren Kiez und kann mir keinen Kaffee holen, weil mein

Baby sofort aufwacht, wenn der Wagen nicht mehr wackelt. Und ich bin so müde, dass ich jetzt kein müdes Kind wecken möchte ...

Also genieße ich die Ruhe, obwohl ich dabei laufe und laufe und laufe. Ich kenne mittlerweile jede Bordsteinkante und bekomme viel frische Luft. Frische Luft macht müüüde. Erwähnte ich, wie sehr ich mich nach einer Liegeposition sehne? Zum Glück geht es mir nicht alleine so. Wenn ich anderen Müttern begegne und wir uns von Augenring zu Augenring ansehen, dann ist da ein Band wie eine Blutsschwesterschaft: Du Winnetou, ich Old Shatterhand. Howgh! Wir verstehen uns ohne Worte, denn wir gehören zur gleichen Sippe – zum Stamm der Nachtkrieger.

Beim Treffen mit Freunden habe ich Wortfindungsstörungen, überhaupt fallen mir andauernd die Namen von Dingen oder Personen nicht mehr ein. Werde ich jemals wieder ein normales Gespräch mit einem erwachsenen Menschen führen können? Das Gehirn ist matschig, bräsig und wabbelig wie grüner Slimeglibber. Alles klebt. Der Körper, die Gedanken, wow, bin ich müde. Ich funktioniere nur noch, ich bin die Rund-um-die-Uhr-Bedürfnisbefriedigungsmaschine.

>>NEULICH SAGTE EINE SCHWANGERE ZU MIR, DASS SIE SICH SO AUF DIE GEBURT FREUT, DAMIT SIE ENDLICH MAL WIEDER RICHTIG SCHLAFEN KANN. ICH MUSSTE LEIDER FIES IN MICH HINEINLACHEN.<<

Wie ein Voodoo-Püppchen fühle ich mich, das in der Nacht immer und immer wieder von Stichen in Form von Wimmern oder Weinen gepiekst wird. Schlafentzug wird nicht umsonst auch als Foltermethode eingesetzt. Den Kampf um die tiefsten Augenringe gewinne auf jeden Fall ich. Würde ich für jedes Gewecktwerden in der Nacht Bonuspunkte bekommen wie beim Einkauf im Supermarkt – ich hätte schon seitenweise

Herzchen-Aufkleber sammeln und mindestens ein Bratpfan-
nen-Set mit Extrabeschichtung oder drei fluffige Frotteehand-
tücher mit Mustern gewinnen können.

> # Sleep when the baby sleeps
> # Fold laundry when the baby folds laundry
>
> LENNY LEMONS

Schlafmangel zersägt die Nerven. Mit wenig Schlaf kann sich
die Babyzeit auch mal anfühlen wie ein Interkontinentalflug
mit Flugangst. Wenn wir abends schon fürchten, ins Bett zu
gehen, weil wir ja doch gleich wieder geweckt werden. Wenn
wir anderen ihre Ruhe neiden. Aber jetzt sitzen wir nun mal in
diesem Flieger, wir kommen da nicht raus. Schauen wir also
ab und zu mal aus dem Fenster. Nicken wir ab und zu einfach
mal ein, egal ob Tag oder Nacht. Nehmen wir helfende Hände
wie die der Stewardess einfach mal an. Und auch wenn wir
uns manchmal fragen, warum wir uns das eigentlich alles
antun, dann wissen wir im tiefsten Inneren doch, wofür sich
das alles lohnt. Schaut euch einfach mal euer Baby an! Seht
ihr's?

> # Samstag 8.30 Uhr.
> # Oder wie Eltern kleiner Kinder sagen:
> # Früher Nachmittag.
>
> @MARLENE HELLENE

Ich ging vor dem ersten Kind so gern abends noch aus, tanzte
ganze Nächte durch, nun sitze ich da. Gefangen in dieser blei-
ernen Müdigkeit, die den Unterschied zwischen Tag und Nacht

verschwimmen lässt, und schwöre mir, nie, aber wirklich nie wieder in meinem Leben freiwillig auf Schlaf zu verzichten. Nicht mal auf eine Minute. Oh, du wundervoller Schlaf, ich werde dich ehren bis an den Rest meines Lebens.

Doch so absolut das alles in dieser Situation scheint, so kurz ist diese Phase doch im Grunde auch. Ein müder Tag kann sich quälend lang anfühlen, doch im Verhältnis zu unserem ganzen Leben macht diese Zeit des Schlafmangels nur einen sehr kleinen Teil aus.

Wir schaffen das. Wir überleben das. Der Schlaf kommt wieder! Es ist nur ein Jahr von hundert. Oder lassen wir es zwei Jahre sein, pah. Dann schlafen wir tatsächlich wieder mehrere Stunden am Stück. Oder schlafen mal aus. Wirklich! Fragt bei euren Vätern und Müttern nach, bei anderen Eltern. Es stimmt. Unsere Schlafzeiten kommen wieder.

DIE BESTE ERFINDUNG DER WELT WÄRE EIN BABYSITTER, DER NICHT NUR ABENDS KOMMT, SONDERN AUCH AM NÄCHSTEN MORGEN, DAMIT MAMA UND PAPA MAL AUSSCHLAFEN KÖNNEN ...

Plötzlich ist sie einfach da, die erste Nacht, in der wir mal wieder mehrere Stunden am Stück schlafen. Und dann schmeckt das Leben plötzlich wie süßer Krokant. Ein wohlig-warmes Grundrauschen flutet uns, der Körper ist ausgeruht, die Seele frisch. Ein weicher, warmer Ballon trägt uns durch den Alltag, alles ist gut so, wie es ist. Wir können Wärme abgeben, denn es ist genügend da. Süß wie Krokant.

Dass dies bei den meisten Eltern im ersten Jahr mit Kind noch kein Zustand von Dauer ist, macht dieses temporäre Glückgefühl nur noch wertvoller. Denn seien wir mal ehrlich – selbst wenn das Kind mal gut schläft: Wer liegt dann nicht mal wach und denkt: Huch, das Baby wacht ja gar nicht auf! Ich geh mal lieber gucken, ob alles in Ordnung ist ...?

Nachts verselbständigt sich unser Körper. Wir liegen im Bett und hören Geräusche. Nicht irgendwelche, nicht vereinzelte. Nein, einfach fast *jedes* Geräusch. Die Fensterläden, wie sie vom Wind gegeneinandergeschlagen werden, entfernt ein Auto, wie es sich den Weg durch die Dunkelheit bahnt, das Rascheln der Äste. Wir filtern diese akustischen Details und prüfen unbewusst ihr Gefahrenpotential. Hier ein Knacken, da ein Rascheln, das Herz springt förmlich aus der Brust. An Schlaf ist nicht zu denken. Ja, Himmelherrgottsakrament, ist das denn normal? O ja, das ist es. Man nennt dieses Phänomen auch Mutterinstinkt.

»Erstaustattung, was brauche ich?«
»Kaffeemaschine.«
»Und?«
»Kaffee.«
»Und was sonst noch?«
»Na ja. Tassen hast du ja wohl, oder?«
@LINIERTKARIERT

Einmal nannte mich mein Mann »Die Schlafheilige«. Damit meinte er genau diesen aus seiner Sicht faszinierenden Dämmerzustand, den Mütter in der Nacht an den Tag legen (haha, ein gutes Wortspiel, denn ob Tag oder Nacht, war tatsächlich eine Zeitlang nicht zu unterscheiden). Während er in der Nacht sein System komplett runterfuhr, blieb ich in einer Art Standby-Zustand. Einbrecher hätten bei uns keine Chance, da war er sicher, denn ich wachte in meinem Mamamodus tatsächlich von jedem Piep auf. Er nicht.

Wenn er dann morgens mit einem »Wow, was für eine gute Nacht« aufstand, dann titschte ich innerlich schon auch mal im Dreieck, weil ich nach fünf längeren Schlafunterbrechungen in den letzten zehn Stunden einfach komplett gerädert war. Aus diesem Phänomen kreierte er schließlich den Begriff der »Schlafheiligen«. Denn dass ich auch nach 467 desaströsen Nächten ansprechbar war, das hielt er schlicht für ein Wunder – und damit für ein hinreichendes Argument für meine Heiligsprechung.

Wir finden: Jede Mama hat diese Heiligsprechung verdient. Denn sie sorgt damit zwar nicht für neue Pfannen-Sets und Frottee-Handtücher, wohl aber für das Wichtigste im Leben unserer Kinder: Den Aufbau eines Urvertrauens. Und für die Gewissheit: ICH BIN IMMER FÜR DICH DA.

MÜDIGKEITS-SKALA ZUM ANKREUZEN:

- ⚪ BLITZMERKER (9 Std. Schlaf)
- ⚪ BÄUME-AUSREISSER (8 Std. Schlaf)
- ⚪ KRAFTPAKET (7 Std. Schlaf)
- ⚪ NORMALER MENSCH (6 Std. Schlaf)
- ⚪ TOLLPATSCH (5 Std. Schlaf)
- ⚪ MATSCHBIRNE (4 Std. Schlaf)
- ⚪ WACKELPUDDING-MODUS (3 Std. Schlaf)
- ⚪ BREIHIRN (2 Std. Schlaf)
- ⚪ SCHWARZES LOCH (1 Std. Schlaf)

HILFE, ich will einfach nur noch schlafen!

Mütter, schlaft um euer Leben! Da können wir nur zustimmend nicken – doch die meisten Babys haben da andere Pläne und halten ihre Eltern monatelang nachts wach. Deswegen haben wir DIE Experten schlechthin nach ihren Schlaftipps gefragt. Wer diese Experten sind? Na, andere Mütter natürlich. Frauen aus der Stadt-Land-Mama-Community.

— »Ich empfehle den Weg des geringsten Widerstandes: Wenn das Kind im Elternbett besser schläft, dann schläft es eben da. Braucht das Kind die Ruhe des eigenen Bettes, dann schlummert es dort. Hauptsache, es schläft.«

— »Wer im Liegen stillt, kann dabei weiterschlafen. Wer Fläschchen füttert, sollte sie abends vorbereiten und neben das Bett stellen, damit man nicht aufstehen muss.«

— »Wenn man geweckt wird, nicht auf die Uhr schauen. Das deprimiert nur, man regt sich auf und kann nicht so schnell wieder einschlafen.«

— »Wenn gar nichts mehr ging, bin ich für eine Nacht ins Hotel. Einmal durchschlafen, und schon sah die Welt wieder anders aus.«

— »Am Wochenende habe ich mir mit meinem Mann die Vormittage aufgeteilt, damit immer einer wirklich ausschlafen konnte – mit Ohrenstöpseln.«

— »Wenn man zwischen Mittagsschlaf und Wäschemachen entscheiden muss, IMMER den Mittagsschlaf wählen.«

— »Ich habe in harten Zeiten meine beste Freundin gebeten, am Vormittag mit dem Baby eine Stunde spazieren zu gehen, und habe mich dann sofort ins Bett gelegt.«

ZAHLEN & FAKTEN

FREUNDE DER NACHT – HÄTTET IHR DAS GEWUSST?

Schlafentzug wirkt wie Bier: Wer nachts nur vier Stunden geschlafen hat, verhält sich im Straßenverkehr so, als hätte er 0,5 Promille. Eine komplett durchwachte Nacht entspricht sogar 0,8 Promille.

Eltern von Neugeborenen haben im ersten Lebensjahr ihres Kindes angeblich insgesamt 44 Tage weniger Schlaf als zuvor.

Mehr als ein Drittel der bis zu sechs Monate alten Babys schlafen mit im Elternbett.

Einschlafprogramme, also Kinder zum Einschlafen auch mal schreien zu lassen, verlieren an Bedeutung! Die meisten Eltern haben das noch nie ausprobiert. Vielmehr setzt ein Großteil der heutigen Eltern auf feste, individuelle Einschlafrituale mit Singen, Vorlesen oder Erzählen.

Kinderweinen ist der häufigste Grund, warum Frauen nachts hochschrecken. Männer wachen hingegen eher von der Alarmanlage ihres Autos, einer summenden Fliege oder sogar pfeifendem Wind auf. Wissenschaftler begründen das mit der Evolution.

In zwei von drei Fällen stehen die Mütter nachts auf, um die Kinder zu beruhigen. Nur etwa ein Drittel der Mütter gab in einer Umfrage an, dass sie sich das nächtliche Trösten mit ihrem Partner teilen. Die Väter sahen das allerdings anders. Von ihnen gab fast die Hälfte an, ebenfalls nachts aufzustehen.

»Behandle dich selbst
wie deine beste Freundin«

Andrea Twardella (53) leitet die Mutter-Kind-Klinik Talitha in Bad Wildungen. Sie ist Diplom-Sozialpädagogin, Systemische Familientherapeutin und Entspannungspädagogin.

Frau Twardella, für wie wichtig halten Sie es, dass Mütter trotz Müdigkeit irgendwann auch wieder Dinge für sich tun?

Das halte ich für sehr wichtig. Nur wenn es den Müttern gutgeht, kann es ihren Kindern gutgehen. Mütter sollten unbedingt etwas für sich tun, denn die Kinder spüren genau, wenn ihre Mutter unglücklich ist. Es braucht natürlich Kompromisse – und trotzdem ist es wichtig, dass Mütter auf die eigenen Bedürfnisse achten. Nicht nur Mutter sein, sondern auch Frau sein, selbst wenn das »nur« einmal die Woche ein Waldspaziergang, ein Bad in der Wanne, ein bisschen Lesen oder das Telefonat mit einer guten Freundin ist.

Das klingt gut, ist im ersten Jahr mit Kind aber oft gar nicht so leicht ... haben Sie da Tipps?

Manchmal empfehle ich Müttern, sich so zu behandeln, als wären sie ihre beste Freundin. Die würden sie auch nicht abends um neun Uhr noch mit dem Hund um den Block schicken und anschließend die Wäscheberge bügeln lassen, wenn sie wüssten, dass sie in der Nacht vorher kaum geschlafen hat.

Wie kann es sein, dass sich so viele Mütter heute über der Säuglings- und Kleinkindphase selbst so sehr aus den Augen verlieren?

Das liegt vielfach am veränderten Frauen- und Familienbild. Es gibt einfach unheimlich viele Anforderungen an Mütter heute. Der Druck ist groß, das lässt sich mit anderen Generationen gar nicht vergleichen. Viele Mütter denken, sie müssten alles schaffen und dabei noch aussehen wie die Frauen in Magazinen oder die anderen Mütter auf ihren Instagram- und Youtubekanälen. Dieses gegenseitige Verrücktmachen statt innerer Gelassenheit ist ein großes Problem; hinzu kommen alte »Glaubenssätze« (»Was sollen nur die Nachbarn denken?«, »Erst die Arbeit, dann das Vergnügen!«, »Ein Indianer kennt keinen Schmerz!« ...) und gutgemeinte Ratschläge von Freunden und der Familie.

Ist da auch eine innere Zerrissenheit?

Ja. Es gibt die Mütter, die sagen: Ich kann mir ein Leben ohne meine Arbeit nicht vorstellen, gleichzeitig haben sie ein schlechtes Gewissen, weil sie so viel Alltag mit den Kindern verpassen. Dann gibt es die Mütter, die die Zeit mit den Kindern sehr genießen und aus finanziellen Gründen aber arbeiten gehen müssen. Und das sind nur zwei Beispiele von vielen.

Brauchen Frauen also mehr Hilfe?

Vielen Frauen fällt es schwer, um Hilfe zu bitten oder die Verantwortung abzugeben. Oder zu akzeptieren, dass, wenn jemand anders sich kümmert, die Verantwortung womöglich anders wahrgenommen wird, der Vater also vielleicht im Herbst noch kein Mützchen aufsetzt, wenn es in den Garten geht. Das auszuhalten ist für viele nicht leicht. Ihre fatale Schlussfolgerung: O.k., mach ich halt doch wieder alles allein. Das macht müde und mürbe.

Wie kommen Frauen aus dieser Spirale raus?

Viele Frauen lassen am Tagesende erschöpft die Schultern hängen, statt sich am Abend auf die Schulter zu klopfen. Sie sollten sagen: Ich bin stolz auf das, was ich leiste. Sie dürfen nicht nur die Defizite, die Soll-Seite sehen, sondern auch die Haben-Seite. Ich habe vielleicht den Haushalt nicht geschafft, dafür habe ich mein Kind heute in den Schlaf gesungen. Das habe ich toll gemacht. Wer sich am Abend hinsetzt und sich fragt: Was ist mir heute alles gelungen, der wird einiges finden. Auch helfen kann, sich zu fragen: Was hat mir heute Spaß gemacht? Und das dann öfter zu wiederholen. Es hilft übrigens auch, sich mit Freunden nicht nur darüber auszutauschen, was alles wieder anstrengend war, sondern sich gegenseitig zu loben. Einfach mal ausprobieren, das kann Wunder bewirken.

Und das reicht?

Frauen sollten sich auch »Erlauber« genehmigen. Ich erlaube mir, mich jetzt kurz zu setzen und meinen Kaffee zu trinken. Ich nehme mir kurz Zeit, damit ich dann wieder voller Kraft zurückgehen kann in meinen Alltag. Es ist eine große Aufgabe von uns, Mütter zu befähigen, sich selbst und ihre Bedürfnisse wieder ernst zu nehmen. Manchmal hilft auch eine Verabredung mit mir selbst, die in den Terminplaner eingetragen wird.

Und wenn sie dies tun ...

… dann haben sie wieder ein Auge dafür, welche Bereicherung ihre Kinder für sie sind. Ein Zugewinn. Kinder eröffnen uns ganz neue Welten. Wie oft können wir sagen: Wow, das hätte ich so ohne meine Kinder gar nicht erfahren. Wir lernen ja ständig mit und an den Kindern.

Wie ruhig die Straße nachts um 3.30 Uhr ist, hätte ich ohne mein Kind nie erfahren … Auch den Geschmack von Pastinake hätte ich ohne Kinder nie kennengelernt.

Genau. Das Thema Ernährung ist ein gutes Beispiel. Viele setzen sich erst nach der Geburt der Kinder sehr intensiv damit auseinander. Kinder bilden also auch.

Sie ermutigen also vor allem Frauen, sich und ihre Wünsche und Bedürfnisse ernst zu nehmen?

Ja, starke Eltern, starke Kinder. Mütter dürfen Vertrauen in sich haben, authentisch sein. Zurück zur Intuition, zum Selbstbewusstsein. Es gibt kein richtig oder falsch, es gibt nur ein: Passt das für mich oder passt es eher nicht? Wer seine Bedürfnisse dauerhaft ignoriert, wird unzufrieden. Deswegen ermutigen wir Frauen, auch mal NEIN zu sagen. Mütter haben oft das Bedürfnis nach Ruhe, Harmonie und Anerkennung. Um diese zu bekommen, opfern sie sich auf. Da dürfen sie selbstbewusster sein und sagen: Nee, jetzt bin ich dran, und ich hab' jetzt Pause.

ZUM EINTRAGEN:
WELCHEN »ERLAUBER« HAST DU DIR HEUTE GENEHMIGT?

FREIFAHRTSCHEIN

FÜR MÜDIGKEITSBEDINGTE SCHLECHTE LAUNE

Bitte nach jeder Bad-Mood-Attacke
ein Ticket durchstreichen

1	6
2	7
3	8
4	9
5	10

An der roten Ampel hinterm Steuer? Im Restaurant beim
Candlelight-Dinner mit dem eigenen Mann? Im Auto auf einem
verlassenen Parkplatz nach dem Date, weil der Babysitter
schließlich noch eine halbe Stunde gebucht war?
Welcher war der ungewöhnlichste Ort, an dem du schon mal
eingeschlafen bist, weil du einfach nur noch müde warst?

1. Weil ich nach langen Tagen einfach auch mal RÄUMLICHEN ABSTAND zu den Kindern brauche

2. Weil ich VIEL BESSER UND TIEFER SCHLAFE, wenn ich nicht ständig einen Arm im Gesicht habe

3. Weil ich glaube, dass die Betten meiner Kinder ein GEMÜTLICHER WOHLFÜHLORT sind und es keinen Grund gibt, nicht dort zu schlafen

4. Weil ich ins Bett gehen kann, WANN ICH WILL – ohne Angst zu haben, dass ein Kind dabei aufwacht

5. Weil ich spontan entscheiden möchte, ob ich in meinem Bett NOCH LESE ODER SEX HABE

1. Weil es so PRAKTISCH ist, nachts das Bett nicht verlassen zu müssen, wenn das Baby aufwacht

2. Weil mich die KLEINEN FÜSSCHEN an meiner Haut beruhigen

3. Weil ich mich jederzeit vergewissern kann, DASS ALLES IN ORDNUNG IST

4. Weil mein Kind beim Aufwachen direkt sieht, DASS ICH DA BIN

5. Weil ich selbst ja auch viel lieber mit JEMANDEM AN MEINER SEITE schlafe

Ein Foto und seine Geschichte

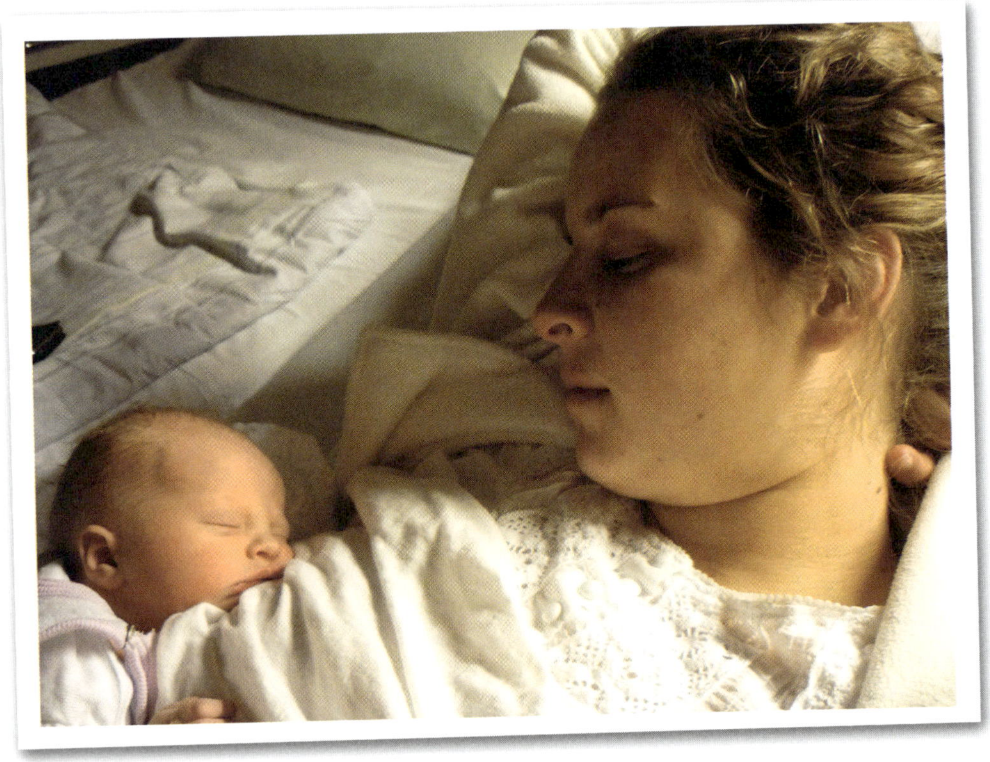

>> Ich weiß nicht mehr, ob dieses Foto tagsüber oder nachts aufgenommen wurde. Und eigentlich ist das auch ganz egal. Denn gerade in den ersten Wochen mit Baby verschwimmen die Grenzen zwischen Tag und Nacht. Man schläft mittags und läuft um drei Uhr morgens zwei Stunden mit dem Baby auf

dem Arm durch die Wohnung. Wenn man mich heute fragt, was mich am meisten im ersten Jahr mit Baby überrascht hat, ist meine Antwort: die Müdigkeit.

Dabei dachte ich eigentlich, ich käme mit wenig Schlaf gut aus. Mit Mitte 20 hatte ich eine kleine Wohnung auf der Hamburger Reeperbahn. Ich ging oft und lange feiern, manchmal stolperte ich erst im Morgengrauen nach Hause, schlief zwei Stunden und ging dann ohne Probleme arbeiten. Ich dachte, ich sei abgehärtet – aber nix da.

Meine Tochter wurde geboren, und der Schlafentzug überfuhr mich wie ein Monstertruck. Ich schlief wochenlang nie mehr als zwei Stunden am Stück und wusste irgendwann nicht mal mehr, welcher Wochentag ist. Das hinterließ Spuren: Ich wurde dünnhäutig, weinte viel, konnte keinem Gespräch mehr folgen, und meine Augenringe verschwanden nicht mal mehr unter Make-up. Einmal sagte ich zu einer Mutter, die im Rückbildungskurs auf der Matte neben mir lag: »Weck mich ja nicht auf, falls ich einschlafe.« Das war kein Witz.

Ich wünschte, ich könnte dir irgendeinen Supertipp geben, aber leider war keins meiner Kinder eins dieser Wunderbabys, die mit sechs Wochen durchschlafen. Was ich aber sagen kann: Sie wird kommen, die erste Nacht, in der du wieder durchschlafen kannst. Nicht morgen und vielleicht nicht in drei Wochen – aber sie kommt. Und bis dahin wünsche ich dir eine Freundin, die du müde volljammern kannst, Geduld und viel guten Kaffee.«

Wow, bin ich verliebt

Wenn aus dir und mir ein Wir wird

**Da haben wir doch tatsächlich gemeinsam eine Familie ge-
gründet. Alle Blicke sind nun aufs Baby gerichtet. Dass wir
uns darüber als Paar auch schon mal aus den Augen verlieren, ist vollkommen normal. Nach der ersten großen Euphorie – wir haben zusammen einen Menschen erschaffen!
– kann da auch mal eine kleine Flaute entstehen. Kein Wunder, das Baby macht schließlich aus unserer Zweier- eine
Dreierbeziehung. Alle Rollen werden neu verteilt, die Prioritäten verschieben sich. Und trotzdem ist es möglich, auch als
Eltern noch ein Liebespaar zu bleiben …**

Wie oft haben wir uns das vorgestellt. Wie das wohl wird mit
einem Baby. Wie wir uns verändern würden. Und dann wird
da wirklich ein kleiner Mensch geboren, und so sehr wir uns
dieses Leben mit Kind in der Schwangerschaft vorgestellt
und herbeigesehnt hatten – es ist trotzdem unglaublich, wenn
plötzlich ein weiterer Mensch dazugehört, der aus uns ent-
standen ist. Aus unserer Liebe.

Schon die Nachricht, dass wir ein Kind erwarteten, war für
uns unfassbar. Erst ein Test, dann noch einer: Wow, da steht
ja immer noch »schwanger«! Was machen wir denn jetzt?
Und während ich selbst vor Aufregung und Rührung mit den
Tränen kämpfte – und ja, später auch mit der Kloschüssel –

reagierte mein Mann, der damals noch mein Freund war, so ganz anders.

Ich hätte eine Umarmung erwartet, aber da kam keine. Ich hätte Worte erwartet, aber da waren keine. Wie ein Tiger streifte er durch unsere kleine Wohnung. Der Test sagte: Ihr werdet Eltern. In unseren Köpfen aber kam das in versetztem Tempo und in unterschiedlicher Heftigkeit an. »Wie sicher ist das?!«, fragte er. Woraufhin wir einen weiteren Test kauften und ich der Apothekerin mein Herz ausschüttete. Zurück im Auto sagte ich: »Unglaublich, dass diese fremde Person nun weiß, dass ich Mama werde – meine Eltern aber noch nicht.« Langsam sickerte die Nachricht in unser Bewusstsein. Wir würden Mutter und Vater werden. Wir hatten uns das so gewünscht. Wow, war das unglaublich!

Wir fuhren in einen Park, gingen spazieren, hielten uns fest, schauten uns an, kicherten wie Teenies. Es regnete. Es war … perfekt. Und es war der Beginn einer neuen Zeit.

Am Anfang der Schwangerschaft fühlte ich mich wie durch den Fleischwolf gedreht, müde, schwindelig. Von wegen Morgenübelkeit. Bei mir blieb sie auch abends und nachts. Und trotzdem: Als eines Morgens ein Zettel auf dem Frühstückstisch lag, auf dem stand

> »LIEBCHEN, ICH WÜNSCHE DIR EINEN SCHÖNEN, KOTZFREIEN TAG«

da war ich vor allem eins: verliebt bis über beide Ohren. In ihn, in unser ungeborenes Baby – in unser Leben.

Nach der Geburt war er, dieser Kotzfrei-Zettel-Schreiber, der Erste, der unsere kleine, unglaublich perfekte Tochter auf dem Arm hielt. Er war derjenige, der ihren ersten Schrei hörte, während ich noch in Vollnarkose auf dem OP-Tisch lag. Er war derjenige, der ihr zur Beruhigung seinen Finger zum Nuckeln gab. Wir waren so unglaublich stolz. Unsere kleine Tochter! Unser Baby.

Aber ich war auch überfordert. Und ja, auch ein bisschen beleidigt, als sich alle Erstbesucher einig waren, dass die Kleine genau aussehe wie er. Wer hatte denn hier bitte schön die neun Monate Schwangerschaft auf sich genommen? Die stundenlangen Wehen, die schließlich in einem Kaiserschnitt endeten? Konnte mir die Kleine dafür nicht wenigstens ein bisschen ähnlich sehen? Beim nächsten Kind würde ich auch lieber Vater werden, dachte ich.

Keine Übelkeit in den ersten Monaten, kein Bauch, der ins Uferlose wächst, keine Geburt, keine Nachwehen und Beckenboden-Übungen. Stattdessen nach der Geburt die Vaterschaft mit den Freunden begießen ... wäre das schön ... wobei, Moment, das hieße ja auch: Keine Tritte im Bauch. Keine stolze Kugel, die du im Schaufenster betrachten kannst. Keine lächelnden Passanten, die sich mit dir freuen. Nein. Ich würde beim nächsten Kind vielleicht doch nicht Vater werden, auch wenn es natürlich immer wieder Punkte gab, für die ich ihn beneidete.

Ihm wurde nicht die Verlängerung des Arbeitsvertrags verweigert, als er seinem Chef erzählte, dass ein Kind unterwegs sei. Sein Leben konnte im Grunde einfach so weitergehen, während bei mir vieles ungewiss wurde. Ich wusste nicht, wie es mit mir beruflich weitergehen würde. Ich verspürte zum ersten Mal Wut aufs System. Die Kunst war und ist, das nicht auf den Partner zu übertragen. Denn er kann ja auch nichts dafür, dass er mit so viel mehr Leichtigkeit zum Vater werden darf als wir zur Mutter. Viel zielführender ist es, gemeinsam zu schauen, wie sich die eigene kleine Familie so positionieren kann, dass niemand zu starke Nachteile befürchten muss. So ein Kind führt unvermeidlich in die Gleichberechtigungs-Diskussion. Da kann es schon mal knirschen, und das muss es vermutlich auch! So eine Umstellung von einer Zweier- auf eine Dreierbeziehung ist eine Herausforderung, bei der jeder seine neue Rolle erst mal finden muss. Und nein, da dürfen wir uns nicht damit zufriedengeben, wenn der Partner am Morgen das Kind mit einem Kuss begrüßt, seine Frau aber nicht. Wir sind jetzt zwar Eltern – wir bleiben aber auch immer noch ein Paar. Wir haben mit unserem Liebsten nicht nur ein gemeinsames Wunder erschaffen, sondern sollten versuchen, dabei auch glücklich zu bleiben. In der Liebe zu unserem Kind, aber eben auch zueinander.

»WIE SCHÖN DIE GEMEINSAME ELTERNZEIT WÄRE, WENN DAS KIND NICHT WÄRE« (KOMMENTAR EINER ÜBERMÜDETEN FREUNDIN)

Natürlich ist am Anfang kaum noch ein Zeitfenster für Zweisamkeit. Frauen mit Kindern, die viel Körpernähe brauchen, möchten vielleicht abends auch einfach mal für sich sein und freuen sich, ihren Körper mal kurz ohne Belagerung zu erleben. Und ja, vielleicht hilft auch einfach mal eine gemütliche Jogginghose, ein Schlabbershirt und Rumgammeln auf der Couch, wenn wir den ganzen Tag schon als Bedürfniserfüllerinnen unterwegs waren. Liebe ist, wenn wir das in dieser Ausnahmesituation einander zugestehen.

Trotzdem braucht es auch Momente der Innigkeit. Und damit meine ich keine ausgefallenen Turnübungen im Bett, sondern einfach mal einen Arm um die Schulter, wenn wir müde im Sessel zusammensacken. Eine Umarmung von hinten, wenn wir gerade wickeln, oder noch besser: ein »Soll ich übernehmen?«. Ein flüchtiger Kuss im Vorbeigehen. Kleine Gesten im Alltag, die so wichtig sind, weil im ersten Jahr oft genug die Nerven blankliegen.

Manchen Frauen fällt es auch nicht so leicht, aus dem Versorger- und Beschützer-Modus wieder in den Sexy-Vamp-Modus umzustellen. Für manche fühlt sich das erste Mal nach der Geburt an wie das allererste Mal überhaupt. Alles o. k., solange wir drüber reden und in Verbindung bleiben.

BESTER TIPP FÜR WENN'S MAL KRACHT ZWISCHEN EUCH: KEEP YOUR HEAD COOL AND YOUR HEART WARM ...!

Es braucht Anerkennung von beiden Seiten, wow, was du leistest mit dem Baby. Danke, dass du das so toll machst, wie du es machst. Dazu die vielen stolzen SMS mit Fotos der ersten Krabbelversuche, mit witzigen Anekdoten vom Spielplatz, vielleicht auch mit skurrilen Details über andere Mütter und Väter. Elternschaft gemeinsam leben. Das ist es, was eine Familie starkmachen kann. Den Stolz teilen, aber auch die Sorgen. Das sind ganz neue Dimensionen der Liebe, die uns da widerfahren. Und zwar nicht nur zum Kind. Sondern auch zu dem Menschen, mit dem wir diese Familie gegründet haben.

GETEILTER SCHMERZ
IST HALBER SCHMERZ?

Bei den Huichol-Indianern aus Mexiko soll den Männern bei Geburtsbeginn eine Schnur um die Hoden gewickelt werden. Sind die Wehenschmerzen der Gebärenden auf dem Höhepunkt, zieht sie an der Schnur. Autsch! Viel lieber wäre uns doch ein Mann, dem es nach der Geburt so gutgeht, dass er uns in allem entlasten kann, oder? Deswegen hilft es auch manchmal, den Mann einfach im Gästezimmer schlafen zu lassen, damit wenigstens er am nächsten Tag fit ist. Aber dann wollen wir auch das gesamte Verwöhnprogramm mit Frühstück ans Bett und Nackenmassage ... mindestens!

PAPA! *Wie ist es eigentlich für die Männer, wenn die eigene Frau plötzlich Mama wird?*

Pepe ist 38, zum zweiten Mal verheiratet und hat ein neun Monate altes Kind. Sebastian, auch 38, hat mit seiner Freundin ein Kind, das bald zwei wird. Daniel ist 35, verheiratet und hat zwei Kinder, zwei und fünf Jahre alt. Alle drei haben Elternzeit genommen, gehen aber jetzt wieder Vollzeit arbeiten. Wir treffen uns im Brauhaus.

PEPE: Schön hier! Ich habe gerade noch ein *Du tust nichts für unsere Familie* zu hören bekommen.

DANIEL: Das hab' ich auch schon gehört.

SEBASTIAN: Mir wird eher direkt nach der Arbeit das Baby in den Arm gedrückt.

DANIEL: Ich darf abends die Klospülung nicht mehr betätigen. Das sei zu laut, das Baby habe schließlich Stunden gebraucht, um einzuschlafen. Ich glaube, wir Männer sind dann nach einem langen Tag einfach das Ventil.

PEPE: Das glaub ich auch. Der Stresslevel ist ja auch echt hoch, am Anfang ist man unsicher. Da braucht es Rituale ...

SEBASTIAN: Stimmt. Ich bin auch echt superspießig geworden. Du hältst dich plötzlich an feste Tagesabläufe, alles ist durchritualisiert ...

DANIEL: Ha! Kenn ich. Ich hab' sogar 'ne Lebensversicherung abgeschlossen.

PEPE: Ich weiß wirklich nicht, wie man's hinkriegt. Du liest Ratgeber und weißt trotzdem gefühlt NICHTS.

SEBASTIAN: Dazu der akute Schlafmangel. Das Neu-Ausfechten der Rollen mit der Frau.

PEPE: Die Spontaneität verschwindet aus deinem Leben, alles muss neu ausgehandelt werden. Wir haben nie so viel gestritten wie in dieser Zeit. Ich finde es ja das Schwierigste, in dem emotionalen Chaos beidseitig wertschätzend zu bleiben.

SEBASTIAN: Absolut. Statt zu sehen, was man dazugewonnen hat, sieht man oft nur, was man vermeintlich verloren hat.

DANIEL: Statt mal zu sagen: Super gemacht!

SEBASTIAN: Tja, happy wife, happy life. Wie meine Freundin gestrahlt hat, als sie das erste Mal wieder beim Chor war! Nur das mit der Zeit zu zweit klappt noch nicht so.

DANIEL: Dabei ist die so wichtig. Wir sind kurz nach dem ersten Geburtstag unseres Kindes mal ein Wochenende nach Paris gefahren. Es war so super!

PEPE: Wir haben uns neulich einen Babysitter organisiert und wollten ins Restaurant, waren aber so müde, dass wir einfach mal vier Stunden geschlafen haben ...

DANIEL: Ich hätte nicht gedacht, wie anders alles wird.

PEPE: Ich dachte früher auch immer: Na ja, so unaufgeräumt muss das ja mit Kind nicht sein. Aber man kommt ja wirklich zu nichts im Alltag mit Baby!

SEBASTIAN: Ha, ich dachte auch, ich krieg das viel lockerer hin, auch mal 'nen Tag alleine. Dann ist das Kind schlecht gelaunt und du merkst: Oha! Was für eine Herausforderung.

DANIEL: So eine Erfahrung ist aber auch wichtig.

PEPE: Absolut. Da steigt die Wertschätzung. Und ich glaube, die ist auch der Schlüssel. Egal wie müde und gestresst man sein mag …

ZAHLEN & FAKTEN

EIN BLICK ZU DEN NACHBARN

In Holland ist es Vollzeit arbeitenden Vätern möglich, am so genannten »Papadag« einen Tag pro Woche zu Hause zu bleiben und sich um die Familie zu kümmern.

Im Übrigen kommt in den Tagen nach der Geburt nicht nur die Hebamme, sondern auch eine Kraamzorg, eine Helferin, die die Betten neu bezieht, die saubermacht und aufräumen hilft und einfach dafür sorgt, dass sich die Mama im Wochenbett erholen kann.

Einige Krankenkassen finanzieren übrigens sogar eine Paartherapie, wenn es bei den jungen Eltern in den ersten Monaten zur Krise kommt.

Die guten alten Zeiten –
eine Erinnerungshilfe

Was war dein erster Gedanke, als du IHN das allererste Mal
gesehen hast?

_____

Wo habt ihr euch das erste Mal geküsst?

_____

Wie hat er auf den positiven Schwangerschaftstest reagiert?

_____

Wann war er dir bei der Geburt eine Stütze?

_____

Wie hat er dich zuletzt zum Lächeln gebracht?

_____

Wo siehst du euch in 10, 25, 50 Jahren?

_____

Drei Worte für deinen Partner – wie er sich als Vater
zum Positiven verändert hat (z. B. mutiger, erwachsener,
strahlender, liebevoller):

_____

_____

Die Liebe beleben? Baut Quickies in euren Alltag ein!

Keine Angst, dieser Text ist FSK 0 ... Na ja, vielleicht doch eher FSK 12. Aber es geht um einen Rat, den ich mal bekam. Einen guten, aber etwas übergriffigen Rat, den ich kurz vor der Geburt meines zweiten Sohnes hörte. Da sagte eine sehr weise Frau zu mir: »Nimm dir jeden Quickie, den du kriegen kannst!«. Ich fand es eher ungewöhnlich, ungefragt Ratschläge zu meinem Liebesleben zu bekommen, auch wenn sie mit Quickie etwas ganz anderes meinte, als ich zunächst ahnte. Im Nachhinein aber war es der Satz, der unserer Ehe in dieser anstrengenden Phase vielleicht am meisten geholfen hat.

Sie sagte damals: »Man darf sich da keine Illusionen machen. Solange die Kinder klein sind, könnt ihr das romantische, ausschweifende Liebesleben mit Kerzen und Duftöl in die Tonne kloppen. Nehmt euch, was ihr kriegen könnt, sonst bleibt ihr auf der Strecke.«

Über drei Jahre später erinnere ich mich nur noch schleierhaft an viele Tage im ersten Jahr mit zwei Kindern. Die meisten sind versunken in der schlaflosen, ausgelaugten Matschhirn-Phase der ersten Zeit mit dem Baby. Es schlief schlecht, es aß nicht, es schrie unentwegt und wir waren meistens ziemlich am Rand der Überlebensfähigkeit.

In diesen Tagen und Wochen voller Verzicht und Fremdbestimmtheit war ein Quickie, wie ihn diese Frau gemeint hatte, genau das Bindeglied zwischen uns. Es war der Unterschied zwischen Isolation und Verbundenheit, der Unterschied zwischen einem leeren und einem wiederaufgeladenen Akku.

Das wurde mir erst in dem Moment bewusst, als meine Stimmung anfing, die körperlichen Strapazen des Wochenbetts und des Stillens zu spiegeln. Ich war gereizt und immerzu so unfassbar müde. Aber dann waren da diese Momente: Mein Mann schaute mir liebevoll beim Stillen zu, und sein Blick war voller Dank. Einen Augenblick lang gab es nur uns zwei und unsere kleinen Wunder. Die Welt stand für mich still und ich konnte wieder atmen.

Nach ein paar Monaten wurde es leichter, wir wurden wieder lebendiger. Ich ging wieder mit Freude durchs Leben, und unsere Kinder spielten glücklich glucksend auf dem Teppich. Wenn der Papa mir in diesen Momenten von hinten die Arme um die Taille legte und mir einen zärtlichen Kuss auf die Wange drückte, dann flog ich für einen kleinen Augenblick. Eine Wolke von Aufmerksamkeit und Zuneigung ließ uns kurz schweben.

Es gab viele solcher Momente, und ich kann sie nicht alle aufzählen. Ihr wisst sicher selbst, wie das geht ... wie ihr eurem Partner besonders nah sein könnt.

Diese Augenblicke brauchen wie lang? Fünf – vielleicht zehn Sekunden? Zehn Sekunden, in denen man sich nahe ist, in denen die Liebe als Paar wieder im Vordergrund steht.

Ein Quickie kann so viele Wege gehen: Ein Kuss, bei dem man den Blick des anderen hält, bevor der Partner das schreiende Baby übernimmt. Eine innige Umarmung und ein Moment des gemeinsamen Atmens, wenn man die letzte Kinderzimmertür nach dem Gute-Nacht-Ritual schließt. Der sexy Klaps auf den Hintern, während man gemeinsam die Milliarden Reiskörner um den Esstisch herum aufsammelt.

Es gibt so viele Möglichkeiten, Nähe und Liebe auszudrücken und herzustellen.

Also, los!
Nehmt euch jeden Quickie, den ihr kriegen könnt!

IN EIGENER SACHE:

Wir sprechen in diesem Kapitel häufig von Müttern, die in einer Partnerschaft leben. All jenen, die ihr Kind allein großziehen, wünschen wir das sprichwörtliche afrikanische Dorf, das ihnen unter die Arme greift. Nachbarn, die mal für sie einkaufen, Freunde, die immer ein Ohr für sie haben, und Verwandte, auf die sie sich verlassen können. Es ist eine Meisterleistung, die ihr da vollbringt – und die unserer aller Respekt verdient!

»Die meisten Partner schlafen mit ihren Frauen auch unglaublich gerne, wenn sie sich nicht davor in Dessous auf dem Bett drapiert haben.«

Sexualtherapeutin Katja Grach schreibt in ihrem Blog »krachbumm« über Sex, Lifstyle und Erziehung. Sie ist außerdem Autorin des Buches »MILF-Mädchenrechnung«. Milf, das ist die Abkürzung für: Mother I'd like to fuck.

Katja, du bist Expertin für Lifestyle, Sex und Elternschaft, was möchtest du einer frischgebackenen Mutter am liebsten schon im Kreißsaal zurufen?

Egal wie deine Geburt verlaufen ist: Du kannst stolz auf dich sein. Und: Alle Gefühle sind erlaubt!

Nun fühlt sich der eigene Körper nach Schwangerschaft und Geburt ja wirklich anders an. Ich weiß, wie ich an mir runterschaute und dachte: Bin das noch ich? Was kann helfen, uns so anzunehmen, wie jetzt wir nun einmal sind?

Ich würde lügen, wenn ich behauptete, dass ich meinen Körper, so wie er ist, sieben Tage die Woche toll finde und nichts dran ändern würde. Direkt nach der Schwangerschaft war mir mein Busen viel zu groß. Ich dachte, wenn der so bleibt, lass ich ihn verkleinern. Dann wurde er durchs Stillen kleiner als vorher ... Der Körper verändert sich durch die Geburten einfach ganz schön krass in kurzer Zeit, und zwar ohne, dass eine jetzt selbst viel dazu beiträgt. Das muss erst mal verdaut werden. Und das ist auch ehrlicherweise gar nicht einfach.

Mittlerweile habe ich mir eine Haltung erarbeitet (die meistens für mich funktioniert), dass die Gesellschaft lernen muss, dass es auch Menschen mit Körpern wie meinem gibt und ich es niemandem schulde, etwaiges Bauchfett zu kaschieren. Wenn ich Lust habe, mich sexy zu stylen, dann mach ich das. Wenn ich keinen Bock drauf hab, dann müssen andere auch mit der unbearbeiteten Version von mir leben. Menschen sind vielfältig. Das darf gesehen werden.

Es gibt Frauen, die in der Schwangerschaft viel Lust auf Sex haben, andere, die gar nicht mögen. Das gilt auch für das erste Jahr mit Kind. Womit, meinst du, hängt das zusammen?

Schlafmangel, wenig Zeit für die Beziehung, viele neue Aufgaben und den Kopf voll damit. Konflikte, die auftauchen, weil sich plötzlich traditionellere Rollenverteilungen einschleichen als zuvor in der Beziehung, Unwohlsein im eigenen Körper. Da spielt so viel zusammen, und es ist oft so wenig Zeit für Paare, das anzusprechen. Gleichzeitig ist es historisch noch immer recht neu, dass wir uns von Partnerschaften ein tolles, ausgewogenes Sexleben, romantische Liebe auf immer und ewig und ein superharmonisches Familienleben wie in der Cornflakes-Werbung erwarten. Ich weiß nicht, ob Männer trotzdem gleich viel Lust haben. Aber wenn Mütter in der ersten Zeit weniger Lust haben, dann liegt das meist daran, dass sie den Kopf voller anderer Dinge haben oder dass ihnen der Sexpartner auf den Keks geht.

Findest du es in Ordnung, im ersten Jahr auch einfach mal ganz auf Sex zu verzichten, weil eben alles neu ist und alle müde sind und weil vielleicht auch permanent das Baby Körperkontakt verlangt und alles darüber hinaus zu viel wäre?

Ich finde es immer in Ordnung, keinen Sex zu haben, wenn eine*r nicht will. Das ist Konsens. Wenn das Baby die ganze Zeit auf dir liegt, ist es nur logisch, dass das Bedürfnis nach Nähe übersättigt ist. Mit ein bisschen mehr Abwechseln zwischen den Eltern könnte da vielleicht etwas Abhilfe geschafft werden. Aber es macht einen Unterschied, ob es sich für das Paar stimmig anfühlt, dass sie keinen Sex haben, oder ob sie ihn schmerzvoll vermissen und er ein wichtiger Teil ihres Beziehungslebens ist. Persönlich glaube ich, dass es eines der wichtigsten Dinge ist, sich nicht als Paar zu vergessen und sich bewusst Zeitfenster füreinander zu nehmen, damit überhaupt mal über etwas anderes geredet werden kann als über das Baby. Bei genügend Zeitfenstern gibt es auch genügend Austausch und Nähe, und dann kommt auch der Sex wieder von ganz allein. Nimmt sich ein Paar aber nur Zeit füreinander, um dann Sex zu haben, dann liegt auf dem Thema auch noch gehörig Druck, der der Beziehungsatmosphäre auch nicht unbedingt guttut.

Die Umstellung zwischen fürsorgender und beschützender Mama und dem sexy Vamp, den man dann im Bett abgeben soll, kann ja auch ein schwieriger Zwiespalt sein, an den man sich erst mal wieder gewöhnen muss ...

Ja, eben das. Wobei die Frage ist, ob eine wirklich der sexy Vamp sein soll, oder ob das nicht auch eine Erwartungshaltung ist, die wir internalisiert haben. Die meisten Partner schlafen mit ihren Frauen auch unglaublich gerne, wenn sie sich nicht davor in Dessous auf dem Bett drapiert haben. Das, was anziehend ist, ist eher die Lebensfreude und die Lust der Partnerin. Ich glaube nicht, dass es so schwierig ist, das Fürsorgliche abzuschalten – aber den Stress und die Erschöpfung. Und dem kann ein liebevoller und zärtlicher Partner ruhig auch Rechnung tragen und seine Partnerin verwöhnen, ohne dass sie vorher den sexy Vamp dafür abgeben muss.

Die Beziehung kann im ersten Jahr zur Herausforderung werden. Wie kann es Eltern denn gelingen, im ersten Jahr als Paar nicht auf der Strecke zu bleiben?

Die Mischung aus Zeitmangel und Müdigkeit finde ich für Eltern wirklich eine große Herausforderung, und viele stellen ihre eigenen Bedürfnisse und die als Paar viel zu weit zurück. Aber es ist auch verrückt. In Babyratgebern steht alles Mögliche, wie das Kind im ersten Jahr gut begleitet werden soll, aber die Beziehung der Eltern, die soll einfach so per Zauberhand gelingen. Dabei ist das ja eine komplette Umstellung der Lebensrealität. Gleichzeitig fehlt mir in Beziehungs- und Sexratgebern der Bezug auf die Lebensrealität der Eltern. Kein Wunder, dass es ein Wort wie »Elternsex« gibt. Es muss schon etwas ganz Exotisches sein, wenn das Thema überall, wo es Platz haben sollte, einfach vergessen wird.

Zeitfenster als Paar, wenn das Baby schläft, sind das A und O. Sowie Familie und Freund*innen, die mal ein paar Stunden auf das Baby achtgeben können. Und wenn's anfangs nur ist, um im Nebenzimmer gemütlich zu zweit einen Kaffee zu trinken. Je mehr Bezugspersonen ein Baby hat, desto leichter ist es für das Paar, sich Freiräume zu schaffen.

Du schreibst, du hast dich als junge Mutter von unglaublich vielen Erwartungen an deine Mutterrolle »bombardiert« gefühlt, mit denen du nicht gerechnet hattest. Welche waren das?

Dass ich superglücklich sein muss über meine Mutterschaft (obwohl ich ein ziemlich traumatisches Geburtserlebnis hatte), dass ich mich einfach um alles kümmere und alles weiß, was das Kind betrifft, und zwar wie selbstverständlich. Dass ich stille und meinem Kind auf keinen Fall ein Fläschchen gebe, dass ich mich an diese Beikost-Vorgaben halte, weil das so »richtig« ist. Dass mich Ausgehen nicht mehr interessiert, dass ich am besten weiß, was das Baby braucht, dass ich das Baby ja nicht verwöhne durch zu viel Nähe, usw. Mir sind einfach rundherum viele Glaubenssätze begegnet, die mich oft unsicher gemacht haben oder teilweise ratlos, stumm, überfordert und wütend.

Was können wir diesem Druck entgegensetzen?

Schonungslose Ehrlichkeit. Radikale Selbstliebe. Offline gehen und echte Menschen anschauen und sich mit ihnen über diesen Druck unterhalten. Überhaupt viel mehr miteinander reden.

Du schreibst immer wieder über Sex und Elternschaft, auch über den Druck, als Mutter nicht nur super zu kochen, super zu erziehen, superstylisch zu wohnen, eine Superkarriere hinzulegen – sondern auch noch supergut auszusehen. Frauen mit Kind sollen also auch noch sexy »fuckable« sein, so nennst du das in deinem Buch »MILF-Mädchenrechnung«. Was meinst du, woher dieser Druck kommt?

Der Druck ist nicht neu. Das Ideal der Jugend wird ja schon etwas länger zelebriert. Neuer ist, dass Mütter davon nicht mehr ausgenommen sind. Das hat zwar emanzipatorisches Potential, aber vor allem auch Marktwert. An der Unsicherheit von Müttern über ihren veränderten Körper verdienen einfach unglaublich viele. Gleichzeitig ist Selbstoptimierung total in, alle sollen alles schaffen können und dann (erst) stolz auf ihren Körper sein. Und: Beziehungen halten nicht mehr ewig. Die Scheidungsrate ist hoch. Das macht sicher auch noch mal unsicher, ob der Partner sich dann nicht eine andere sucht, wenn die nur sexier ist. Aber ganz ehrlich, wenn das das einzige Kriterium ist für eine Partnerschaft ...

Du meinst, die Schönheitsindustrie lauert auf Frauen nach der Geburt, die sich schnell wieder »richten« lassen wollen?

Die Schönheitsindustrie lauert generell auf Menschen, die mit sich unzufrieden sind. Das ist ihr Markt. Der wird auch zunehmend für Männer erschlossen. Das Ideal der Mutter hatte aber lange nichts mit sexueller Attraktivität zu tun. Heute ist das anders, und daraus wird Profit gemacht. Unser Selbstoptimierungswahn und die Möglichkeiten der digitalen und visuellen Selbstdarstellung gehen damit Hand in Hand. Eine vermeintliche Perfektion der Mutterschaft wird sichtbar auf Plattformen wie Instagram, die es vor zehn Jahren in dieser Form nicht gegeben hat. Das suggeriert auch, dass es auf allen Ebenen viel zu »richten« gibt.

Du gehst ja sogar noch weiter und schreibst von Frauen, die sich zwischen Kinderstress und »Fuckabilityzwang« förmlich aufreiben ...

Gerade durch diesen gesellschaftlichen Trend, der uns suggeriert, dass alles machbar und schaffbar ist, dass du nur ein paar Blogposts mit zehn Tricks zu einem tollen Hintern, mehr Happiness und einer besseren Work-Life-Balance lesen musst und deinen Smoothie morgens nach dem Sonnengruß zu trinken brauchst, ist es nur logisch, wenn sich diese Machbarkeit auch auf das Thema Sexualität ausweitet. Und das tut es. Das sehe ich als Sexualpädagogin und als aufmerksame Leserin von klassischen Männer- und Frauenzeitschriften, wie sehr der Leistungsgedanke in unsere Schlafzimmer geschlüpft ist. Genau das ist es, was uns aufreibt.

Das klingt sehr anstrengend. Was möchtest du Müttern nach dem ersten Jahr mit Kind vor diesem Hintergrund am liebsten raten?

Geschafft! Ihr könnt stolz auf euch sein. Und für alles, das nicht gelungen ist, kommt ständig ein neuer Tag, an dem wir daran arbeiten können, die Eltern zu sein, die wir sein wollen. Und wer bislang den Partner oder die Partnerin aus den Augen verloren hat, sollte spätestens jetzt die Notbremse ziehen und sich um Babysitter kümmern, damit die Beziehung nicht flötengeht. Falls sie es tut: Das ist nicht das Ende der Welt, nur das Ende eines Idealbilds. Außerhalb davon gibt es viele Varianten, wie ein Leben mit Kind gestaltbar ist.

Und noch ein kleiner Zusatz zum Schluss ... Nach dem ersten Jahr riecht das Kind nicht mehr so gut nach Baby, und wir müssen Schritt für Schritt loslassen von dieser innigen Nähe. Es ist gleichzeitig ein unglaubliches Geschenk, bei diesem Aufwachsen dabei zu sein. Auch wenn es oft anstrengend ist: Es wird immer besser und lustiger. Freut euch auf die coolen und außergewöhnlichen Gespräche, die ihr mit euren Kindern führen werdet!

Kleiner Ausblick

Wie alt wirst du sein, wenn dein Kind 18 wird?

18

Ein Foto
und seine Geschichte

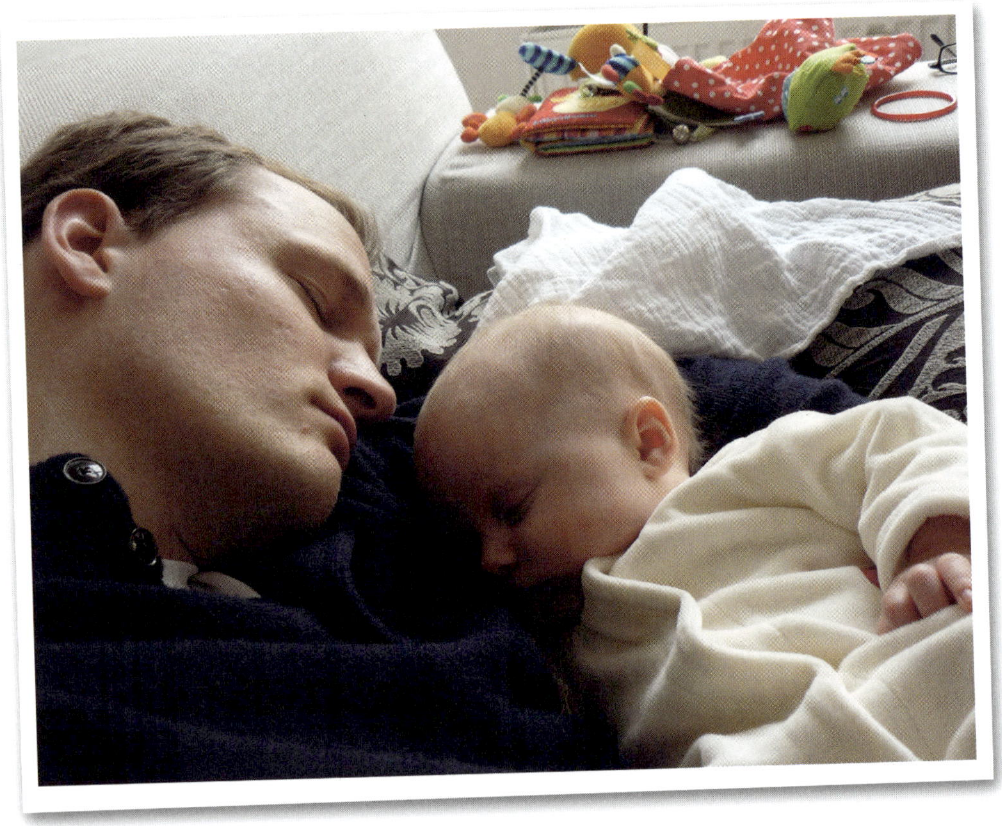

≫ Wie er da liegt mit unserer Kleinen. Alles in diesem Moment ist so perfekt. So perfekt für mich. Vielleicht waren es die Hormone – oder einfach die große Liebe?

Mir schossen jedenfalls sofort die Tränen in die Augen, als ich an diesem Sonntagmorgen völlig übermüdet unter die Dusche ging, mit einem Handtuch auf dem Kopf zurück ins Wohnzimmer kam und diese zwei da genauso zusammengekuschelt herumliegen sah.

Meine zwei Liebsten. Welch inniger Moment. Ich musste ihn sofort mit diesem Foto konservieren. Aufbewahren. Auch für Zeiten, in denen er mich rasend macht, weil er seine Schuhe so langsam anzieht. Oder wenn er beim Spülen wieder das immergleiche Lied pfeift (argh!).

Wir erleben sie doch alle, diese Alltagsmomente, diese Eigenheiten des anderen, die ihn aber eben auch ausmachen. Und die wir vielleicht sogar ganz neu zu schätzen lernen, etwa, wenn aus dem Pfeifen plötzlich ein Summen wird. Ein Summen, das unser Baby auf seinem Arm zum Schlafen bringen soll. Und wenn er mich dabei noch von der Seite anschaut ... Kein anderer Mann guckt mich so an wie er: Mit keinem sonst auf dieser Welt hätte ich das Abenteuer Familie wagen wollen. ≪

Wow, bin ich einsam

VON KATHARINA

Ein Freund, ein guter Freund – ja, wo seid ihr denn alle?

Schon komisch, wenn wir sagen, dass ein Kind einsam machen kann, denn schließlich ist man ab dem Tag der Geburt im Grunde nie mehr allein. Alleinsein und Einsamkeit sind aber zwei Paar Schuhe. Die Kollegen? Die Nachbarn und Bekannten? Leben tagsüber ihren Alltag ohne uns weiter. Wir müssen uns also ein neues Netz an Kontakten aufbauen. Eines, das sich unserer aktuellen Lebenssituation anpasst. Gar nicht so leicht. Aber möglich.

Wenn ich an mein Leben vor den Kindern denke, sehe ich oft einen Hochgeschwindigkeitszug vor mir. Meetings, Telefonkonferenzen, Dienstreisen, Mittagessen mit Kollegen, Kino mit Freunden, Spinning im Fitness-Studio, Party mit den Mädels.

Ich war 29 Jahre alt, als meine Tochter auf die Welt kam – kaum eine meiner Freundinnen hatte zu dem Zeitpunkt schon Kinder. Wir steckten alle mitten im Arbeitsleben, wollten uns beweisen, ganz nach dem Motto: höher, schneller, weiter.

Die Geburt meines Kindes fühlte sich dann so an, als hätte jemand im ICE in voller Fahrt die Bremse gezogen. Ab diesem Tag änderte sich das Tempo in meinem Leben komplett – und vor allem bestimmte ich erst mal nicht mehr selbst darüber.

Während meine alten Kollegen im Netz Fotos ihrer spannenden Dienstreisen posteten, schwitzte ich schon beim Ausflug in den Supermarkt. Wenn ich mal im Büro vorbeischaute, schien meine berufliche Karriere Lichtjahre entfernt zu sein. Ich merkte, dass ich vor lauter Stilldemenz nicht mehr schlagfertig und lustig war – und dass die Themen meines Lebens schlichtweg nun andere waren.

KINDER ALS CHANCE!

So leicht kommen wir nie wieder mit anderen ins Gespräch – wir müssen uns nur trauen! Die Frau, die immer zur gleichen Zeit den Kinderwagen zur Kaffeebude schiebt? Ach, auch wieder müde?! Die Mutter, die lustigerweise das gleiche Tragetuch benutzt? Mensch, wie hast du denn das gebunden?! Der Vater beim Babyschwimmen? Faszinierend, wie gut dein Kind schon durchhält! Am Anfang mag das Überwindung kosten, aber am Ende zahlt es sich aus!

Während meine Freundinnen abends zum Sport gingen, schaukelte ich das Baby in den Schlaf. Für die Spätvorstellung im Kino war ich zu müde, der geliebte Sonntags-Brunch fiel nun in den Mittagsschlaf des Kindes. Wenn ICH Zeit hatte, saßen alle anderen im Büro, und so schob ich den Kinderwagen stundenlang alleine durch den Park. Mir fehlten meine Freundinnen so, der Austausch mit ihnen, das Ausgelassensein. Ja, auch die Abende mit den Mädels, die mit Kopfschmerztabletten am nächsten Morgen endeten. Auch die.

An manchen Tagen war das Gespräch mit der Frau hinter der Wursttheke im Supermarkt die einzige Konversation mit einem Erwachsenen. Wie oft stand ich am Fenster, guckte auf die belebte Straße und dachte: Alle leben ihr Leben weiter, als sei nichts passiert. Alle sind auf dem Weg zu irgendwem. Nur auf mich wartet keiner. Manchmal wagte ich es sogar, alleine mit dem Baby mittags essen zu gehen. Dann stopfte ich die Pasta in Windeseile in mich hinein, weil ich mitleidige Blicke à la »Die Arme hat keine Lunch-Date-Freunde« zu spüren dachte. Ich rief meine Omi mehrmals am Tag an, weil sie die Einzige war, die ganz bestimmt zu Hause war und Zeit für mich hatte. Wenn ich im Wartezimmer des Kinderarztes saß, umgeben von vielen Stimmen, fiel mir schmerzlich auf, wie still meine Tage geworden waren.

Eines Abends, ich versuchte gerade, die Milchflecken aus der Bluse zu waschen, brach es dann aus mir heraus. »Ich bin so einsam«, weinte ich meinen Mann an. »Du gehst jeden Tag ins Büro, hast Kontakt mit anderen Erwachsenen – und für mich hat sich alles geändert.« Ich weinte und weinte und weinte um mein altes Leben, das so reich an Sozialkontakten gewesen war.

WAS MÜTTER WIRKLICH BRAUCHEN? ANDERE MÜTTER!

Am Tag drauf meldete ich mich in einem Babymassage-Kurs an, um andere Mütter kennenzulernen. Zusammen ist man weniger allein, dachte ich. Vielleicht hatte ich einfach nur Pech, aber in diesem Kurs saß keine andere Frau, mit der ich gerne befreundet gewesen wäre. Die Chemie stimmte einfach nicht, Sympathie lässt sich nicht erzwingen. Und so schob ich weiter alleine meine Runden durch den Park. Dabei passierte etwas ganz Wunderbares: Ich kam mir selbst wieder näher, weil ich gezwungen war, mich mit mir auseinanderzusetzen. Diese Stille brachte mich dazu, mir wichtige Fragen zu stellen. Wer bin ich? Und was will ich?

Ich erkannte: Bisher lauerten überall Ablenkungen. Der Stress im Job, die ganzen Termine, der Spaß mit Freunden, die Zeitung in der U-Bahn und der ständige Blick aufs Handy – ich war in den letzten Jahren so gut wie nie alleine mit mir selbst gewesen, ich hatte verlernt, zur Ruhe zu kommen.

Ich kann mich noch daran erinnern, wie ich kurz darauf auf einer Parkbank saß und das erste Mal gar nichts tat. Das Kind schlief im Kinderwagen, ich hatte kein Buch dabei, das Handy lag zu Hause auf dem Küchentisch und weit und breit war niemand, mit dem ich hätte quatschen können. Ich kam mir seltsam vor, ich hatte nichts, woran ich mich festhalten konnte. Ich wurde tatsächlich körperlich hibbelig, waren mein Hirn und meine Hände doch gewöhnt, immer beschäftigt zu sein. Dann beschloss ich, einfach loszulassen, lehnte mich zurück und schaute in den Himmel. Für mich war das Alleinsein tatsächlich schmerzhaft und heilsam zugleich.

Nach einigen Wochen wagte ich einen neuen Versuch, und diesmal hatte ich Glück: In einem Babykurs lernte ich eine andere Mutter kennen, die ich sofort ins Herz schloss. Endlich war da jemand, der meine Gefühle und Gedanken teilte. Und später, als meine Tochter dann in die Kita kam, vergrößerte sich dieser Kreis von neuen Freundinnen immer weiter.

Mittlerweile habe ich ein starkes Netz aus wunderbaren Frauen, die mir Halt geben, mich auffangen, mich verstehen. Manche werden mich vielleicht nur ein paar Jahre begleiten, manche hoffentlich für immer. Und das ist viel mehr, als ich mir vor vielen Jahren ganz alleine auf der Parkbank erträumt hätte.

Ich vermiss' dich gerade sehr

Liebe beste Freundin,

es ist kurz vor zwölf. Ich lag um acht im Bett. Der Kleine hat mich geweckt mit seinem Mama-ich-habe-Hunger-Quaken. Ich habe ihn gestillt und bin darüber fast wieder eingeschlafen. Aber ein Gedanke hat mich hochschrecken und meinen müden Hintern an den Schreibtisch tragen lassen. Der Gedanke an dich.

Du düst in deinen Jimmis durch die Werbewelt und ich schlurfe in Birkenstocks über das Kleinstadtpflaster. Du fliegst nach Mailand zum Shopping-Trip und ich freue mich über das Ökobabybody-Angebot im Discounter. Du buchst ein kinderfreies Designhotel in New York und wir fahren zum Camping an die polnische Ostsee. Dein Mann kauft sich den neuen MX-5 und meiner googelt nach einem Fünfpunktgurt-Kindersitz. Ich wische mir mit 'nem Feuchttuch den Milchfleck von der Wange und du legst dich zur Ganzkörperbehandlung auf die Liege im Spa – vom Nobelfitnessclub, in dem du gerade in der Sauna warst, nachdem du dich beim Spinning ausgepowert und beim Yoga Energie getankt hast. Ich renne mit Baby und Kleinkind auf dem Arm die Treppe rauf und putze mir die Zähne, während ich auf der Toilette sitze.

Wir finden keine Zeit zum Telefonieren, weil auf dich am Abend diese Galadinnershow-Party wartet und ich um 19 Uhr im Kinderzimmer überm Geschichtenlesen eingeschlafen bin. Ich glaube, weiter voneinander entfernt können unsere beiden Leben gerade nicht sein. Aber ich bin nicht von dir entfernt.

Ich lebe in einer Kleinstadt und kann mich nicht erinnern, wann ich das letzte Mal Absatzschuhe, geschweige denn ein hautenges Designerkleid getragen habe. Ich weiß, das klingt alles nach genau dem Klischee, das ich immer belächelt habe und welches ich nie erfüllen wollte. Aber es fühlt sich gerade genau richtig an. Es fühlt sich gut an. Ich bin glücklich. Ich will, dass du das weißt. Und ich will, dass du weißt, dass ich immer wieder an dich denke. Du bist bei mir.

Ich schlafe fast über diesen Zeilen ein, aber du musst unbedingt wissen, dass du in vielen Momenten bei mir bist. Ich hoffe, dass es dir gutgeht. Ich bin bei dir. Ich möchte dich gerne sehen, gerne mit dir telefonieren, mit dir Sushi essen gehen, beim Virgin Daiquiri kichernd die Köpfe zusammenstecken oder einfach einen doofen Mädchenfilm anschauen. Ich möchte gerne hören, über wen du dich wieder im Büro aufregst, welchen Super-Deal du an Land gezogen und wen du gefeuert hast.

Ich hoffe, dass es mit dir und Matze toll läuft. Ich würde mich so gerne mal wieder von dir bekochen lassen. Ich möchte gerne Tränen lachen, wenn du deine Schaf-Kuscheltiere zu Wort kommen lässt. Ich würde gerne durch Einrichtungshäuser mit dir schlendern und deine Ideen zu unserem Haus hören. Ich will schweigend neben dir in der Sonne sitzen. Ich will dir gerne zuhören, und ich möchte dir gerne mein Herz ausschütten.

Ich bin gerade ganz weit weg. Aber ich bin dir ganz nah. So, und jetzt lege ich mich wieder neben meinen Minimann, stecke meine Nase in seinen Nacken, sauge seinen unbeschreiblichen Duft ein und wünsche mir für dich, dass du dich genauso geborgen und geliebt fühlst, wie ich es tue.

Ich umarme dich, Liebes.

Deine Freundin Paula

Meine wichtigsten Menschen

MIT WEM ICH MIR MAL WIEDER
SO RICHTIG DEN BAUCH VOLLSCHLAGEN
WERDE ...

MIT WEM ICH MIR DIE NÄCHSTE
BEAUTY-SESSION GÖNNE ...

WEN ICH ALS ERSTES ANRUFE,
WENN ES MIR MAL NICHT
GUTGEHT ...

MIT WEM ICH MAL WIEDER
RICHTIG TANZEN GEHEN MÖCHTE ...

WER MEIN LIEBSTER BEGLEITER
AUF SPAZIERGÄNGEN IST ...

WEN ICH BEIM NÄCHSTEN SHOPPEN
GERN DABEIHÄTTE ...

BEI WEM ICH MICH BENEHMEN
UND SEIN KANN, WIE ICH WILL ...

WER AUF MEINER GEBURTSTAGSPARTY
NICHT FEHLEN DARF ...

MIT WEM ICH UNBEDINGT
MAL EINEN KURZTRIP
PLANEN WILL ...

MIT WEM ICH MAL
WIEDER AUSGIEBIG
QUATSCHEN MÜSSTE ...

MIT WEM ICH UNBEDINGT
ALT WERDEN WILL ...

MIT WEM ICH DEN GRÖSSTEN
MIST ANSTELLEN KANN ...

WEM ICH DRINGEND
MAL WIEDER SCHREIBEN
MÜSSTE ...

WER FÜR IMMER ZU MEINER GANG
GEHÖREN WIRD ...

MIT WEM MAL WIEDER
EIN COCKTAIL ODER WEINCHEN
NÖTIG WÄRE ...

MIT WEM ICH MAL WIEDER SO RICHTIG
AUF DER COUCH GAMMELN WÜRDE ...

FAMILIENEXPERTIN
UND BESTSELLERAUTORIN NORA IMLAU

Am Smartphone beim Stillen? Bloß kein schlechtes Gewissen!

Raus aus der Babyblase, rein in den Freundeskreis. Per Klick! Dank WLAN, Flatrates und Smartphones müssen Mütter heute nicht mehr einsam auf ihrem Sofa sitzen, wenn sie sich um ihr Baby kümmern. Sie können Schlaf- und Stillzeiten ganz wunderbar für sich und ihre sozialen Kontakte nutzen. Sich Input von außen holen, sich austauschen, ohne dafür vor die Tür gehen zu müssen. Aber Halt! Eine fürsorgliche Mama kümmert sich doch bitte schön ums Kind, hören wir die Kritiker da schon wieder unken. Von wegen, sagt Nora Imlau, Journalistin, Autorin und Erziehungsexpertin. Fürsorge? Ja, unbedingt! Aber bitte nicht nur fürs Kind, sondern auch für die Mama. Ihr Motto: Tu, was dir guttut.

»Bevor ich selbst Mutter wurde, stellte ich mir Stillen unglaublich romantisch vor: Mein Baby und ich, innig verbunden, gemütlich aufs Sofa gekuschelt, einander anlächelnd. Wie man das eben so in der Werbung sieht. Umso überraschter war ich von der Still-Wirklichkeit nach der Geburt meines ersten Kindes. Allein, wie viel Zeit die ständigen Stillmahlzeiten kosteten! Gefühlt stand ich den halben Tag als Milchbar zur Verfügung und die andere Hälfte des Tages am Wickeltisch oder trug meine kleine Tochter im Tragetuch herum. Zeit für mich? Hatte ich kaum. Und die Momente inniger Verbundenheit beim Stillen gab es zwar, aber nicht ständig. Meist hatte mein Baby beim Trinken die Augen geschlossen, und mein liebevoller Blick wanderte sehnsüchtig zur ungelesenen Tageszeitung neben mir. Doch sobald ich sie in die Hand nahm, dockte meine Kleine ab und weinte, gestört vom Rascheln des Zeitungspapiers. Oft wartete ich ungeduldig und genervt darauf, wann mein Kind endlich von der Brust ablassen würde, und so manches Mal beendete ich eine Stillmahlzeit selbst, obwohl meine Kleine gern noch länger getrunken hätte – ich hielt das stundenlange Genuckel, das mich wie festbetoniert auf dem Sofa gefangen hielt, einfach nicht mehr aus. Trotzdem habe ich meine Tochter lange und im Großen und Ganzen auch gerne gestillt. Doch die Zeit für mich fehlte mir sehr. Die Stillzeit mit meiner zweiten Tochter verlief nicht viel anders – nur, dass ich zusätzlich zu meinem Baby noch ein flinkes Kleinkind um mich herumtoben hatte. Also: noch weniger Ruhe. Noch weniger Me-Time. Mein Zeitungsabo hatte ich ohnehin schon längst abbestellt.

Mein drittes Kind kam dann im Smartphone-Zeitalter zur Welt. In unserer modernen Gegenwart also, in der Hebammen und PolitikerInnen öffentlichkeitswirksam beklagen, dass die jungen Mütter ja nur noch in ihre Handys schauen statt auf ihre Kinder, und in der groß angelegte Plakatkampagnen Smartphone-Eltern ein schlechtes Gewissen machen wollen: »Heute schon mit Ihrem Kind gesprochen?« Mich ärgert diese Verteufelung von Handys in Mütterhänden auch deshalb, weil ich selbst erlebt habe, was für einen Unterschied so ein Smartphone gerade in der Stillzeit machen kann. Denn mein drittes Baby trank nicht weniger gern und viel und lang an meiner Brust als seine großen Geschwister. Doch gelangweilt oder genervt war ich dabei so gut wie nie. Warum auch?

Ich hatte ja mein Handy jederzeit griffbereit in der Hosentasche, und damit einen Schlüssel zu Unterhaltung und Entspannung, wo immer ich auch war. Sogar ein Zeitungsabo schloss ich wieder ab – nur eben diesmal in digitaler Form, so dass ich ohne störendes Papiergeraschel spannende Texte lesen konnte, während mein Kind sich gemütlich an meiner Brust in den Schlaf nuckelte. Ob es dazu eine halbe Stunde brauchte oder eine ganze, war mir ziemlich egal: Ich hatte ja was zu tun. Und: Ich war bei den langen Still-Sessions plötzlich nicht mehr allein.

Denn während ich mich während der Babyjahre meiner ersten beiden Kinder oft ziemlich einsam gefühlt hatte in meinem Mama-Alltag, habe ich mit meinem Handy in der Hand plötzlich meinen ganzen Freundes-kreis in Reichweite. Ich konnte Nachrichten schreiben, Fotos verschi-cken, chatten, scherzen, Frust ablassen. Und über soziale Netzwerke wie Facebook, Twitter und Instagram habe ich sogar neue Freundschaf-ten geschlossen, mit anderen Eltern, die ähnlich ticken wie ich. Mit manchen von ihnen treffe ich mich heute noch abends zum virtuellen Lagerfeuer, während wir unsere Kinder in den Schlaf begleiten. Das Handy im Nacht-Modus in der rechten Hand, im linken Arm das müde, kuschelbedürftige Kleinkind – so bekommen alle, was sie brauchen: Verbindung und Nähe, Austausch und Freiheit.

Als Stillberaterin und Mutter kann ich deshalb nur den Kopf schütteln über die pauschale Smartphone-Schelte, die junge Eltern heute durch die Baby- und Kleinkindzeit ihrer Kinder begleitet. Denn meine Erfah-rung ist: Kaum eine junge Mutter hält heute den Alltag mit ihrem Baby oder Kleinkind allein zu Hause durch, ohne regelmäßig in ihr Handy zu gucken. Und fast alle haben deshalb Schuldgefühle. Dabei ist es das Natürlichste auf der Welt, sich nach Unterhaltung und Austausch zu sehnen.

Ein Smartphone kann ein wunderbares Werkzeug sein, diese Bedürfnisse zu erfüllen. Wichtig ist nur, dass unser Handykonsum nicht der Verbindung zu unserem Kind im Weg steht. Wenn das Baby beim Stillen den Blickkontakt sucht und nur den leeren Gesichtsausdruck seiner Mutter hinter dem Handybildschirm entdeckt, läuft etwas schief. Genauso, wie wenn der Zweijährige auf dem Spielplatz weinend vor seinem Papa steht und der es kaum schafft, sich von seinem Blackberry zu lösen. Doch das ist die Ausnahme, nicht die Regel. Die allermeisten Eltern, die ich im Alltag erlebe, sind unglaublich aufmerksam und liebevoll und zugewandt. Sie spielen und singen und schmusen mit ihren Babys, sie erwidern ihren Blick und spiegeln ihr Lächeln. Und ab und zu, wenn ihr Kleines ohnehin gerade mit sich beschäftigt ist, genießen sie eine kleine Auszeit mit ihren Handys in der Hand.

Beim Stillen ins Smartphone zu gucken mag nicht dem romantischen Bild vom Muttersein entsprechen, das viele von uns in sich tragen. Doch anstatt deshalb Smartphone-Mütter zu verurteilen, ist es vielleicht an der Zeit, dem Bild der guten, liebevollen Mutter ein Update zu verpassen: Wer sich liebevoll um sein Kind kümmern und dabei sich selbst nicht vernachlässigen will, dem hilft in der heutigen Zeit dabei eben manchmal auch ein Smartphone. Das mag gewöhnungsbedürftig sein – falsch oder verwerflich ist es deshalb noch lange nicht. Denn die Liebe, das Vertrauen, die ganz besondere Verbindung zwischen Müttern und ihren Kindern – die nimmt an einer gelegentlichen Selfcare-Auszeit per Smartphone garantiert keinen Schaden.

Die besten Geschenke für einsame Mütter? Hier eine Wunschliste zum Fröhlich machen

- Dieses Buch ☺
- Gutschein für zwei Wochen jeden Tag Mittagessen kochen und vorbeibringen
- Zoo-Dauerkarte für ein Jahr
- Designerhandtasche für die Mama (für dauerhaft gute Laune bei Ausflügen)
- Ein Staubsaugerroboter, der saubermacht, während wir auf dem Spielplatz sitzen
- Ein Monat Bügelservice für widerspenstige Hemden
- Ein Fotobuch aus all den süßen Babybildern, die im Familienchat verschickt wurden
- Ein paar Stunden Unterstützung durch eine Mütterpflegerin oder Haushaltshilfe
- Ein Baum, der zeigt, wie schnell die Zeit vergeht – oder wie langsam
- Ein E-Book-Reader, mit dem wir abends zum Lesen kein Licht mehr anstellen müssen
- Ein Bio-Gemüsekisten-Abo
- Ein Restaurantbesuch für die Eltern mit Babysitting-Angebot
- Ein Trockner
- Ein Kaffeevollautomat!

Eigenlob stinkt?
Von wegen!

Mit welchen Worten würdest du dich heute loben,
wenn du deine beste Freundin wärst?

VON LISA

Ein Foto
und seine Geschichte

》Einfach mal kurz sitzen. Abschalten aus dem Dauer-Versorgungsmodus. Fünf Minuten Pause. Gerade ist mein Töchterchen selig in seinem Bettchen eingeschlafen, neben mir, denn noch braucht es meinen Atem und meine Nähe, um runterfahren zu können. Nun schläft mein Baby. Und ich überlege, einfach mitzuschlafen, aber draußen ist es so schön.

Zu sonnig, um im dunklen Kämmerlein zu bleiben – wie ich das sonst so oft mache in dieser Zeit, in der ich kaum schlafe in der Nacht. Wir haben noch keinen Rhythmus, wird er je kommen? Das frage ich mich in diesem Moment, in dem ich einfach nur dasitze, barfuß im Garten unserer Ferienunterkunft. Das Babyphone am Gürtel wie einen Colt und jederzeit bereit aufzuspringen. Hände hoch, hier kommt die Mama!

Trotzdem schalte ich hier ab von der lärmenden Großstadt, in der wir leben. Nicht nur von der Heimat, sondern auch vom Leben meiner Freunde, die alle noch keine Kinder haben. Ihre Welt dreht sich einfach weiter. Und meine?

Ich weiß nicht, wie lange meine Tochter schlafen wird. Ich weiß nicht, ob meine Freundin überhaupt gerade Zeit hätte für ein Käffchen. Und hätten wir überhaupt Themen? Ich würde mir anhören, wer sich im Büro wieder danebenbenommen hat, sie würde lauschen, was mein Baby alles kann. Und doch fehlen gerade die gemeinsamen Anknüpfungspunkte. Unser Damals. Unsere Partynachbesprechungen, das zusammen Lachen, die Wochenenden nur für uns.

Unsere Welten drehen sich gerade in unterschiedliche Richtungen. Ich weiß an diesem Tag noch nicht, dass neue Vertraute in mein Leben treten werden. Und ich ahne auch noch nicht, dass sich die Welt meiner Freundin zwar gerade in eine andere Richtung dreht, dass unsere Basis aber die gleiche bleibt, dass unser Vertrauen nie verlorengeht.

Und dass wir unseren zweiten Frühling erleben würden, als auch sie einige Zeit später schwanger wird, ein Kind bekommt … und plötzlich genau weiß, wie ich mich in diesem Babyphone-Moment auf der Wiese gefühlt haben könnte. **«**

Wow, bin ich über- und unterfordert

VON KATHARINA

Willkommen im Wunderland der Widersprüche

Wir, die bisher mit beiden Beinen fest im Leben standen, sind plötzlich vom Geschrei eines Säuglings überfordert?! Wir ahnten nicht, wie unfassbar lang die Stunden mit einem Baby werden können und wie herausfordernd es gleichzeitig sein kann, wenn jeder Tag dem anderen gleicht. Wenn sich der Kopf mehr Input wünscht, der Körper aber viel zu schlapp ist. Mutterschaft ist und bleibt ein Ding der Extreme ...

Es war einmal eine Frau, die wurde eines schönen Tages Mutter. Fortan waren ihre Tage erfüllt, und sie meisterte ihre neuen Aufgaben geduldig und voller Hingabe. Nie war sie genervt, denn nichts machte sie so glücklich, wie den ganzen Tag mit ihrem Kind zu verbringen. Und deshalb lebte sie glücklich und zufrieden ... Bis fünf Minuten später das Märchen leider neugeschrieben werden musste ...

Es war einmal eine Frau, die wurde eines schönen Tages Mutter. Zuvor hatte sie einen Job, Kollegen, Freizeit und einen Feierabend. Sie wusste, dass der Alltag mit Baby anders werden würde, und stürzte sich mit Freude in die neuen Aufgaben. Nach einer Weile aber stellte sie fest: Muttersein kann überraschend anstrengend sein – und manchmal total öde. Muttersein ist erfüllend – aber an manchen Tagen saugt es auch einfach nur Kraft. Emotional geht's ständig rauf und runter, im Kopf herrscht gleichzeitig Chaos und Leere. Willkommen im Wunderland der Widersprüche.

Bis ich Mutter wurde, war ich der Überzeugung, ich hätte mein Leben im Griff. Ich blieb bei beruflichem Stress relativ locker, arbeitete To-Do-Listen ab, suchte nach schnellen Lösungen. Ich hielt mich für belastbar und dachte, so ein Babyjahr würde das reinste Kinderspiel werden.

Dann kam mein Baby zur Welt, und ich war in weiten Teilen überfordert. Ich brach in Tränen aus, weil das Kind schlecht an der Brust trank und meine Tagesaufgabe daraus bestand, es so anzulegen, dass dieser Knoten in der Brust nicht schon wieder zum Milchstau wird.

Ich flehte um eine Antwort auf mein »Was hast du nur?«, wenn sich mein Baby nicht beruhigen wollte, obwohl ich mir sicher war, dass es satt war und keine neue Windel brauchte. Ich verließ schwitzend den Supermarkt, weil ich der festen Überzeugung war, mein Kind würde deshalb in der Babytrage weinen, weil es sich gerade die Hüfte gebrochen hatte.

Und leider, leider macht das Mutterhirn niemals Feierabend. 24 Stunden, sieben Tage die Woche, dazu diese ständige, körperliche Präsenz, weil das Baby nur an der Brust oder auf dem Arm einschläft – nicht mal der bestbezahlte CEO der Welt hat diese Arbeitszeiten.

Und auf der anderen Seite war da diese absolute Unterforderung. Ich, die früher spannende Projekte bearbeitet hatte, deutete nun hauptberuflich Windelinhalte. Ich dachte, es sei die reinste Freude, neben meinem Baby auf der Krabbeldecke zu liegen und ihm dabei zuzusehen, wie es den Spielebogen erkundet. In Wahrheit war es oft entsetzlich langweilig. Stunde um Stunde saß ich auf dem Boden, schwang ab und zu unmotiviert die Rassel und schrieb heimlich SMS à la »Der Tag heute zieht sich wie Kaugummi«.

Wenn ich mein Baby mal wieder ewig auf dem Arm durch die Wohnung getragen hatte, fühlte ich mich wie ein Tiger im Käfig. Ich wollte wieder Input, was anderes sehen, hören, riechen, lesen – was auch immer, stattdessen hieß es: Wickeln, füttern, schlafen. Immer und immer wieder. Diesen Tag, den nächsten und den übernächsten.

Das Baby sagte nie »Danke«, nie: »Das hast Du aber toll gemacht.« Ich spürte keine Anerkennung mehr, eine geistige Herausforderung schon gar nicht.

Es war zum Teil wahrlich öde, so alleine zu Hause. Mit einem Baby kann man nicht in der Teeküche tratschen, mir fehlten die Mittagspausen und die Konferenzen mit den Kollegen. Ich wollte nicht ständig über Bäuerchen und Schlafgewohnheiten mit anderen Müttern reden – es langweilte mich einfach. Bore-out wird das auch genannt, das Gegenteil vom Burn-out, dieser Zustand von unglaublicher Unterforderung. Dabei war ich doch gleichzeitig komplett überfordert!

Mit den wachen Nächten, mit den Fragen, die ich mir zu Gesundheit, Ernährung und Erziehung stellte. Mit den vielen Gedanken in meinem Kopf. Mit dem Immer-wieder-Aufstehen trotz größter Müdigkeit. Ich war so erschöpft, dabei sah es gleichzeitig so aus, als schaffte ich einfach mal gar nichts.

Dieser Alltag mit Baby, dieses ständige Auf und Ab, es machte mich fertig. Die Folge: Morgens nahm ich mir noch vor, am Abend endlich mal in das spannende Buch zu gucken, das seit Monaten auf dem Nachttisch lag. Abends lachte mich mein Planungshirn dafür hämisch aus. Jetzt noch lesen? Am Abend? Hohoho. Was mir blieb, war Schlafen – wie langweilig! – oder, wenn es hochkam, ein bisschen Trash-TV, vor dem ich dann so einschlief, dass der Nacken am nächsten Tag... aua! Und wieder kein Input. Verdammt.

Manchmal hatte ich das Gefühl, durch die Mutterschaft zu verblöden, weil sich mein Aufmerksamkeitsradius so verkleinert hatte. Und ich ärgerte mich, dass vermeintliche Kleinigkeiten plötzlich so anstrengend waren: Pünktlich beim Kinderarzt sein, in der Zeit des Mittagsschlafs schnell duschen oder kochen, das Gespräch mit der Chefin.

HummelFamilie
@HummelFamilie

Ich habe eine Freundin, die hat
– ein Jurastudium abgeschlossen
– 2005 ein Kind bekommen
– 2009 auch
– immer gearbeitet
– wieder studiert
– 2012 ein Kind gekriegt
– das Studium beendet
– wieder gearbeitet
– jetzt das 4. Kind bekommen

Und ich krieg das Marmeladenglas nicht auf.

♡ 67   ⟲ 189   ♡ 3.044

Manchmal kam ich mir vor wie im Märchen, weil ich nie geglaubt hätte, wie nah beieinander Über- und Unterforderung liegen können in diesem Wunderland der Widersprüche. Und deswegen musste ich auch neulich einfach mal Rotz und Wasser heulen, als im Radio das Lied »Hey« von Andreas Bourani lief. Ich saß im Auto und musste ranfahren, weil mich die Zeilen so berührten. Denn als wären sie für uns Mütter geschrieben, heißt es darin: »Wenn jeder Tag dem andern gleicht und ein Feuer der Gewohnheit weicht, wenn lieben grade kämpfen heißt, dann bleib, es geht vorbei. Es geht vorbei.«

»Und? Was hast du heut den ganzen Tag gemacht?«

Die Arbeit einer Mama bleibt oft unsichtbar. Was konnte man bei euch heut mal wieder nicht sehen? Ein kleiner Augenöffner zum Ankreuzen:

☐ NIEMAND SIEHT, dass ich heute das 48. kleine Söckchen gewaschen habe.

☐ NIEMAND SIEHT die Schweißausbrüche, die ich bekam, als ich pünktlich zum Termin erscheinen wollte.

☐ NIEMAND SIEHT, wie lange ich im Kaufhaus nach einer ruhigen Ecke gesucht habe, um dem hungrigen Baby seine Milch zu geben.

☐ NIEMAND SIEHT, wie ich grübele, ob ich das wirklich alles so richtig mache.

☐ NIEMAND SIEHT, wie ich die kleinen Wangen eincreme, damit sie nicht in der Sonne verbrennen.

☐ NIEMAND SIEHT, wie ich panisch durchs Haus renne, weil das Lieblingskuscheltier verschwunden ist.

☐ NIEMAND SIEHT die Kämpfe beim Fingernägelschneiden.

☐ NIEMAND SIEHT, wie ich mir im Kopf Pläne mache, was es in den nächsten Tagen zu essen geben könnte, damit wir abends alle mal wieder etwas Gesundes zu uns nehmen können.

☐ NIEMAND SIEHT, wie viele Sachen ich tagsüber hin und her räume, damit es abends halbwegs gemütlich bei uns ist.

☐ NIEMAND SIEHT, wie ich dem Baby vorsinge.

☐ NIEMAND SIEHT, wie wir gemeinsam den Frust verarbeiten, wenn es mit den Krabbelversuchen wieder nicht hingehauen hat.

☐ NIEMAND SIEHT, dass ich jeden Tag da bin. Psychisch und physisch. Emotional und körperlich.

☐ NIEMAND SIEHT, dass mein Kaffee schon wieder kalt war, als ich endlich zum Trinken komme.

☐ NIEMAND SIEHT, wie ich die Milchflecken aus der Couch entferne (weil es nicht klappt, ich glaub, die bleiben für immer).

☐ NIEMAND SIEHT, dass das hier manchmal einem Job im höheren Management gleicht.

Du hast mehr als drei Kreuze gemacht? Dann warst du heute schon fleißiger als viele herkömmliche Arbeitnehmer. Gönn dir etwas, das du magst! Denn du festigst Wurzeln. Du sorgst für die Zukunft. Du schenkst Liebe und unvergessliche Kindheitserinnerungen. Jeder neue Tag ist so viel wert!

WENN DU EINEN TAG HÄTTEST,
AN DEM KEIN SCHLECHTES GEWISSEN
EXISTIERT, WIE WÜRDEST DU
IHN VERBRINGEN?

PARTY

SCHLAF

WEIN

MASSAGE

ALLEINSEIN

SEX

AKKU LEER?

Wären wir ein Computer, wären ständig viel zu viele Tabs geöffnet. Tab: Neuer Brei, Tab: Größere Pullis, Tab: Wäsche, Tab: Nächster Gyn-Termin, Tab: Schreiphasen aushalten. Da kann es dann tatsächlich passieren, dass eine Frau beim Sex die Einkaufsliste durchgeht. Wir haben halt manchmal einfach zu viel im Kopf – und zwar keine großen Job-Präsentationen mehr, für die es später Applaus gibt, sondern Alltägliches!

Wisst ihr, was passiert, wenn ständig zu viele Tabs am Rechner geöffnet sind? Dann geht der Akku runter. Oder noch schlimmer: Der Computer stürzt ab. Viele Mütter (ja verdammt, es sind immer noch hauptsächlich die Mütter, die die CEO-Funktion einer Familie innehaben – wir wären da sehr für die Einführung einer #Männerquote) befinden sich in ständigem Seiltanz zwischen Akku leer und Bitte-nicht-abstürzen.

Halt! Stopp! Alles zu viel!

Wisst ihr, was gut ist? Am Computer gibt es eine Reset-Taste. Die dürfen wir auch in unserem Leben mal drücken. Also schreib hier gern einmal auf, was dir guttut, wenn ein Kurzschluss droht. Karnevalsmusik beim Joggen, während jemand aufs Kind aufpasst? Sahnetorte mit der Freundin? Oder vielleicht sogar Sex – ganz ohne Einkaufslisten im Kopf?

Wie wir uns vor bösen Vergleichen schützen können

Manchmal ist es zum Haareraufen. Wenn wir selbst nicht im Gleichgewicht sind, gucken wir ganz schnell nach rechts und links. Wie machen das die anderen? Und warum scheinen das eigentlich alle so viel leichter hinzukriegen als wir? Warum sieht die eine Mutter aus wie nach einem SPA-Wochenende, während wir selbst seit Wochen ungeschminkt in der Lieblings-Jogginghose rumlaufen? Und warum schläft das Baby unserer Freundin schon durch, während wir nachts IMMER noch aufstehen? Diese blöden, blöden Vergleiche aber auch! Jede von uns hat wohl schon Szenen erlebt, die sie an sich haben zweifeln lassen. Führungskräfte-Coach Daniela Fink aus Köln, die selbst Zwillinge hat, gibt uns Tipps für drei typische Situationen – und wie wir dabei gelassen aus der Vergleichs-Falle herauskommen.

DIE SITUATION: Die Treffen mit den anderen Müttern aus dem Babykurs finden immer reihum bei einer von uns zu Hause statt. Beim ersten Mal trifft uns fast der Schlag. Die Wohnung ist aufgeräumt, sauber, supergemütlich designt, UND es gibt auch noch selbstgebackene Muffins und gesunde Smoothies aus dem eigenen Mixer. Ich bin froh, überhaupt geduscht UND pünktlich erschienen zu sein. Wie machen das diese Wunderfrauen bitte schön? Und wieso bin ich offenbar zu unfähig dazu?

Du fühlst dich schlecht, weil dein innerer Perfektionist sich meldet und sagt »Siehst du, so muss das aussehen! Nicht wie bei dir: chaotisch, Cola aus der Dose und Muffins aus dem Supermarkt!« Es gibt einfach Menschen, denen es sehr wichtig ist, dass der Besuch denkt: »Wow! Ist das hier perfekt aufgeräumt und hergerichtet!«. Was wir nicht wissen: Vielleicht ist das Chaos in die Schränke gestopft oder die Putzfrau war schon um sieben Uhr da. Oma hat die Muffins gebacken und der Smoothie ist in Wirklichkeit gekauft. Oft fehlt uns ein Puzzleteil zur Wahrheit, und wir nehmen nur das glänzende Ergebnis wahr.

Wie wäre es, mal eine andere Perspektive einzunehmen? Weg vom Vergleich: Freu dich über jemanden, der bestimmt viel Arbeit mit der ganzen Vorbereitung hatte und der sich einfach Mühe gegeben hat, einen wunderschönen Morgen liebevoll für seine Gäste vorzubereiten. Bedank dich für die Mühe und genieß den Moment. Und nein, du musst es nicht genauso herrichten, wenn sie kommen, vielleicht erzählst du dann einfach von DEINEN Prioritäten im Leben? Von der Fernreise, die du planst oder dem tollen Tagebuch, das du für dein Kind führst, oder einfach von dem Nachmittag, an dem du mit dem Kind im Sessel lagst und ihm alle zur Verfügung stehende Aufmerksamkeit geschenkt hast? Dein Leben, deine Stärken!

DIE SITUATION: Ich gehe mit dem Kinderwagen spazieren und treffe plötzlich auf Nachbarin X, die später entbunden hat als ich, aber schon wieder gertenschlank aussieht. Jeder Körper ist anders, ich weiß, trotzdem könnte ich darüber jetzt gerade einfach mal vor Neid die Wand hochgehen ...

Albert Einstein hat mal gesagt: »Jeder ist ein Genie! Aber wenn du einen Fisch danach beurteilst, ob er auf einen Baum klettern kann, wird er sein ganzes Leben glauben, dass er dumm ist.« Vielleicht ist deine Nachbarin ein Genie im Abnehmen, hat aufgehört zu essen oder geht jeden Tag zehn Kilometer laufen ... deshalb musst du dich aber nicht wie ein Fisch fühlen.

Hör mal in dich rein und überleg, was dein Ziel ist. Ist es eine bestimmte Kilozahl auf der Waage oder dass die Lieblingsjeans wieder passt? Sich zu vergleichen ist der schnellste Weg, sich fertigzumachen. Denn du findest immer noch tollere, schlankere und schönere Frauen.

Schau auf *dich* und deine Fortschritte. Am besten schreibst du sie auf, denn damit machst du sie für dich sichtbar. Das können die 100 Gramm weniger Gewicht sein, die sich irgendwann zu einem Kilo addieren oder die 20 Minuten Sport alle zwei Tage, für die du dir einen Sticker in den Wochenplan klebst. Das kann aber auch einfach etwas ganz anderes sein, das gar nichts mit deiner Figur zu tun hat. Schreib doch gleich hier mal drei Dinge rein, die du heute super gemacht hast. Und wenn es das Putzen der eigenen Zähne war. Auch wichtig! Wir haben alle unser eigenes Tempo ... also sei dein eigenes Genie.

DIE SITUATION: Im Babykurs sitzt neben mir eine Mutter, die behauptet, ihr Kind schlafe jede Nacht durch oder esse jeden Brei mit großem Appetit oder könne schon längst krabbeln, das sei in diesem Alter doch auch mal Zeit. Ich weiß, ich müsste jetzt cool bleiben, aber in mir drin brodeln die Selbstzweifel: Müsste mein Kind das nicht auch längst können? Mache ich als Mama etwas falsch?

Erst mal ganz tief durchatmen. Einatmen. Ausatmen. Wenn du Bedenken hast, dass sich dein Baby nicht altersgemäß entwickelt, dann such zur Sicherheit deine Kinderarztpraxis auf und erzähl von deinen Bedenken. Wenn dein Baby gesund und munter ist, schau dir die Person an, die dir erzählt, was ihr Kind schon kann, und mach nicht dasselbe wie sie. Sie gleicht ab. Diese Mutter will vielleicht toller, schneller oder besser sein als die anderen, und übersetzt sagt sie: »Schaut alle her, wie toll mein Kind ist! Also bin ich auch toll. Seht ihr das nicht alle? Lobt mich dafür.«

Auch dein Kind kommt an den Punkt oder kann vielleicht schon Sachen, die das andere Kind nicht kann. Das, was wir richtig gut können und was gut mit dem Baby und in der neuen Situation klappt, das machen wir uns selten bis gar nicht bewusst. Jeder Mensch hat Stärken und Schwächen. Es liegt jedenfalls nicht an dir, ob dein Kind drei Wochen früher oder später krabbelt. Lehn dich innerlich zurück. Alles zu seiner Zeit.

WENN DU EIN BABY HAST
UND JEMAND FRAGT DICH
NACH DER UHRZEIT

DINGE, DIE ICH FRÜHER FÜR EINEN WOCHENEND-TRIP BRAUCHTE:

Handy, Schlüssel, Geldbeutel, Zahnbürste, Pyjama, 2 Outfits, Kleidchen zum Ausgehen, Schminktäschchen, Dessous

DINGE, DIE ICH HEUTE FÜR EINEN WOCHENEND-TRIP BRAUCHE:

2 Unterhosen, Pyjama, bequeme Kleidung, Wechselkleidung, Turnschuhe, 1 Kilo Windeln, Feuchttücher, Wickelunterlagen, 2 Schlafsäcke, Schnuffeltuch, Schnuller, Ersatzschnuller, Milchpulver, 2 Fläschchen, 3 Gläschen je Tag, Desinfektionsspray, Pflaster, Fieberthermometer, Fieberzäpfchen, Zäpfchen gegen Erbrechen, Arnikasalbe, Hustenbalsam, Spieluhr, Mützchen, Jäckchen, Babyphone, 5 Outfits fürs Baby, Auto-Babyschale, Buggy, Tragetuch, Handy, Ladekabel!

Wenn ich Glück habe, denk ich auch noch an den Schlüssel ...

Ein Foto
und seine Geschichte

>> Dieses Foto wurde nach einer anstrengenden Nacht aufge-
nommen. Die Kleine war immer wieder wach gewesen, tausendmal hatte ich »Sschsschssch« gesagt und sie beruhigend
gestreichelt. Irgendwann war sie eng an mich geschmiegt ein-

geschlafen, ihr Atem an meinem Hals, ihre kleine Hand hielt meinen Daumen fest. Wieder eine Nacht voller Aufopferung und mit wenig Schlaf. Wieder eine Nacht voller Verbundenheit und Nähe, in einer Intensität, wie ich sie noch nie gespürt hatte.

Ich bin todmüde an diesem Morgen – im Gegensatz zu meiner Tochter. Wie sie strahlt, wie niedlich sie aussieht. Und ich? Trage den Mama-Einheits-Look: Kapuzenpulli und hochgeknotete Haare. Mein Blick: ein Mischmasch aus Glücklich-genervt-verdammt müde-ungläubig-stolz. Ich finde, das Foto zeigt diese einzigartige Verbindung zwischen Kind und Mutter, die so wunderschön und gleichzeitig auch erdrückend ist. Es zeigt das Gefühl zwischen: »Hoffentlich ist bald Mittagsschlaf-Zeit« und »Wann genau kriege ich mein Leben zurück?«

Es soll ja Frauen geben, die von Beginn an total in ihrer Mutterrolle aufgehen. Ich gehörte nicht dazu, ich brauchte Zeit, um mich an all das Neue zu gewöhnen. Und auch später war ich immer wieder hin- und hergerissen – war entsetzt über diese Monotonie und fasziniert von der verantwortungsvollen Aufgabe, ein Kind großzuziehen.

Wenn ich das Foto heute anschaue, kann ich allerdings noch etwas anderes sehen: Authentizität. Ich war nicht immer nur glücklich, nicht gestylt wie all die Instagram-Mamas. Wenn man das Lachen meiner Tochter ansieht, erkennt man aber: Ich war die beste Mama, die ich für mein Kind sein konnte. «

Wow, bin ich dankbar

Wie verletzlich und stark uns unser Baby macht

Nie zuvor haben wir etwas erlebt, das annähernd so tief gegangen wäre wie das, was wir hier gerade als frischgebackene Mama durchleben dürfen. Unser ganzer Körper, unsere gesamte Gefühlswelt, alles in uns ist erfüllt von der Liebe zu diesem kleinen, glucksenden und auch mal bittersüß schreienden Wesen, das von nun an für immer zu uns gehören wird. Dieses Kind zeigt uns schon jetzt, was wirklich zählt im Leben – und wofür wir dankbar sein können. Für Momente, die wir nie vergessen. Für Personen, die uns prägen. Für das Leben, das noch so neu ist für uns ...

Wie golden, knusprig und lecker das aussieht. Wie das riecht, himmlisch wie in einer Bäckerei. Und wie die Tüte warm und verheißungsvoll in meiner Hand liegt. Ich überquere die Straße, an der wir wohnen, und sauge alles auf. Die Autos, die Bäume, diese herrliche Normalität, die in mich hineinschwappt wie warmer Honig.

BIN GRAD ETWAS NEBEN DER SPUR. WOW, IST DAS SCHÖN DA!

Ich habe eine Woche Krankenhaus hinter mir, weil es dem Baby nicht gutging. Und nun sind wir auf dem Weg zurück nach Hause. Meine Mutter ist angereist, um uns aus der Klinik abzuholen – und sie hat frisch gebackene Croissants mitgebracht.

Ich habe in meinem ganzen Leben noch kein so leckeres Croissant gegessen. Warm, weich, fluffig. Ich lasse es mir förmlich auf der Zunge zergehen, als würde es schmelzen, denn für mich ist das hier gerade keine einfache Nahrungsaufnahme. Nein, es ist der Geschmack von Freiheit, von Erleichterung – es ist die fassbar gewordene Dankbarkeit.

Ich bin so dankbar, dass alles gut ausgegangen ist. So gerührt, dass meine Mutter in diesem Moment für mich und mein Kind da ist, ich bin glücklich über mein Zuhause. Über meinen Mann und meine Freunde, die mich durch diese Woche begleitet haben. Ich könnte ein großes ICH LIEBE EUCH ALLE-Banner an meinen Balkon hängen, so dankbar bin ich in diesem Moment.

Dankbar werden wir oft in den verletzlichsten Momenten, wenn etwas sonst Selbstverständliches in Gefahr gerät. Als Mütter erleben wir immer wieder Momente der Schwäche.

Unsere Kinder machen uns verletzlich. Sie machen uns aber eben gleichzeitig auch unglaublich stark. Wie Löwenmütter kämpfen wir um ihr Wohlergehen. Wir würden alles für sie geben. *Niemand tut meinem Baby was!* Wir wurschteln uns anfangs noch unsicher, später immer souveräner durch den Alltag mit diesem kleinen Menschen, wir wachsen über uns hinaus, wir entwickeln ungeahnte Kräfte. Und dann kommt irgendwann einer dieser Tage, der einfach quer läuft.

> DANKBARKEIT IST EIN KONSTRUKTIVES GEFÜHL. EINS, DAS WIE EIN AKKU FUNKTIONIEREN KANN, DER UNS KRAFT GIBT, ABER IMMER MAL WIEDER AUFGELADEN WERDEN MUSS.

Alles scheint gegen uns zu arbeiten. Die Nachbarin, die sich im Treppenhaus über das Babygeschrei beschwert, der Partner, der ganz vergessen hatte, uns zu sagen, dass er heute Abend später nach Hause kommt, die Windeln, die in unserem Supermarkt plötzlich ausverkauft sind, der Mittagsschlaf, den unser

Kind an diesem Tag lieber sein lässt, und am Ende sind Mama und Baby gleichermaßen erschöpft und fertig.

Müde lassen wir uns ins Chaos unserer Wohnung sinken. Essen ist so gut wie keins mehr da, das Geschirr stapelt sich, die Wäscheberge nehmen die Formen des Mount Everest an und wir denken: Wow, ist das jetzt echt mein Leben? Und dann gluckst es von rechts aus der Babywiege, und wir schauen unser Kind an, wie es da liegt, wie es ganz plötzlich – das hat es noch nie getan ohne meine Hilfe! – den Kopf zur Seite legt und einfach einschläft.

Und wir können gar nicht sagen, ob es die Überraschung ist oder die Überforderung oder beides, aber plötzlich laufen uns Tränen übers Gesicht. Wie egal ist eigentlich ein Wäscheberg, wenn ich dieses Wunder miterleben darf? Wie viel Glück habe ich eigentlich, dass ich das hier alles erfahren kann? Wie sich mein Kind umdreht, wie es lacht, wie es manchmal auf meinem Arm seine Wärme einfach nur an mich weitergibt?

Es sind vor allem die schwachen Momente, in denen wir erst mal so richtig merken, wie dankbar wir eigentlich sein können.

Ich denke an meine Freundin, die Krebs hatte – und sich noch immer über jeden Tag freut, den sie miterleben darf. Ich denke an meine Krankenhauswoche mit dem Baby, nach der ich mich über eine Kleinigkeit wie ein warmes Croissant so sehr freuen konnte. Ich denke an das Glucksen meines Babys, das mir nach einer durchwachten Nacht plötzlich wieder zeigt, wie viel Sinn es hat, was wir da den ganzen Tag so tun.

ICH HAB NACHGEMESSEN. DU BIST GROSSARTIG!

Ja, und ich denke an all die Mütter da draußen, die so oft über ihre Grenzen gehen, um ihren Babys eine schöne Kindheit zu bescheren, und die gerade durch diese Grenzerfahrungen zu schätzen wissen, wenn sie einfach mal in Ruhe eine Tasse Kaffee trinken können. Und die, egal wie anstrengend der Tag auch war, in Momenten der Ruhe erkennen, welch großes Glück sie haben.

Dieses Gefühl kann bei einer Massage entstehen, beim Entdecken einer Faltencreme-Produktprobe in einem Klatschmagazin oder wenn jemand etwas Selbstgekochtes für uns mitbringt. Es kann plötzlich da sein, wenn der Partner gerade verliebt unser Kind anschaut, es kann ein Schokoriegel sein, der gerade besonders guttut.

Es kann der Kinderarzt sein, der sagt, dass wir das alles gut und richtig machen oder die Umarmung einer Freundin. Es kann ein kleiner Aufmunterungszettel am Kühlschrank sein oder ein Brief von der Oma. Es kann die warme Badewanne sein oder ein witziger Spruch im Netz. Und es kann ein warmes Croissant nach einer Woche Krankenhausessen und Sorgen sein, das uns dankbar und demütig werden lässt. DANKBARKEIT IST EIN WUNDERBARES GEFÜHL.

Ich wünsche dir die coolsten Freundinnen

Liebe junge Mutter,

bist du schon auf Menschen getroffen, die dich und dein Kind sehen und als Erstes so was rufen wie »Es zahnt/hat Hunger/ist ein Junge!« Oder die bestürzt sagen: »Waaas? Es dreht sich noch nicht?« Oder wild den Kopf schütteln, denn »Diese Frau stillt (nicht)/kocht Beikost (nicht) selbst/ schläft (nicht) mit allen in einem Bett?«.

Jetzt muss ich nach all diesen ungefragten Kommentaren auch gleich noch einen loswerden: Wenn du so was hörst, dann lauf so schnell, du kannst! Ja, vielleicht sind manche gut gemeint, aber der Discounter hatte mit seinem To-Go-Kaffeebecher fürs Fahrrad vielleicht auch beste Absichten, TROTZDEM gehört er zum größten Schwachsinn, den ich je gehört habe.

Wenn ich als frischgebackene Mutter eines nicht brauchte, dann diese Art von Kommentaren. Ich fand sie übergriffig und blöd, und habe sie mir gleichzeitig schwer zu Herzen genommen. Sie waren für mich die Bestätigung, dass alle Welt sah, wie wenig ich das Muttersein draufhatte. Mein erstes Kind hat viel gebrüllt und wenig geschlafen. So wenig, dass meine Augen immer ein bisschen gebrannt haben und ich immer ein bisschen wie auf Watte ging, fahrig und ängstlich, in Tränen auszubrechen, weil mich der Kassierer gefragt hat, ob ich den Bon will. Dabei wollte ich doch eigentlich nur mein Baby fröhlich machen und ein paar Stunden am Stück schlafen. Ich wollte mich einfach hüpfend darüber freuen können, dass mein Kind seine eigene Hand erkannt hat, ohne als hysterische Mutti abgestempelt zu werden, oder über die Müdigkeit jammern, ohne Sprüche zu kassieren wie »Du wolltest doch ein Kind« oder »Sei froh, dass es gesund ist.« Oder »Anderen geht es viel schlechter«.

Mit dem ersten Kind schwanger, lief ich einem Freund über den Weg, dessen Freundin zufällig genauso schwanger war wie ich. Da ich sonst in meinem Umfeld keine Schwangeren oder junge Mütter hatte, war ich doppelt froh, dass sie nicht nur schwanger, sondern auch so lustig war. Ab diesem Zeitpunkt machten wir fast alles gemeinsam. Wir haben uns unironisch dafür abgefeiert, wenn wir geschafft hatten, pünktlich zu sein. Wir riefen uns an, wenn uns die Decke auf den Kopf fiel, und lagen keine Stunde später zusammen mit unseren Babys auf dem Teppich. Wir saßen stillend auf Spielplätzen und weinten vor Müdigkeit, und wir fielen uns begeistert in die Arme, wenn unsere Babys besonders süß oder lustig oder sowieso die Tollsten waren. Wir redeten über Hämorrhoiden und Sex nach der Geburt und Beckenbodenkram. Wir haben unsere Ängste geteilt und sie so kleiner gemacht. Bei alldem haben wir ganz schön viel unterschiedlich gemacht, aber meine Freundin hat mich einfach machen lassen, anstatt zu rufen: »Du stillst ab? Da kannste dein Kind ja gleich mit Gaffa-Tape und ›zu verschenken‹-Schild an eine Raststättenlaterne kleben.« Stattdessen haben wir uns gelassen, wie wir waren und oft genug vom Andersmachen der anderen profitiert.

Das ist jetzt zehn Jahre her. Seitdem habe ich noch ein Kind bekommen und viel mehr Mütter kennengelernt. Manche waren gar nicht mein

Ding (was auf Gegenseitigkeit beruhte). Manche sind enge Freundinnen oder gute Bekannte geworden, die mein Leben als Mutter schöner, einfacher und lustiger machen. Weil wir gemeinsam über uns, unsere Kinder und vieles mehr lachen, weil wir uns gegenseitig helfen und weil wir nicht vergleichen oder übereinander urteilen, wenn wir was anders machen, sondern nachfragen und uns manchmal was abgucken. Oder eben nicht.

Ich schreibe dir all das nicht, um mit meinen coolen Freundinnen anzugeben, sondern weil ich dir genau solche wünsche. Deshalb muss ich am Schluss leider doch noch einen ungefragten Tipp geben: Wenn du eine Mutter siehst, bei der du denkst, sie könnte so eine Freundin werden, sprich sie unbedingt gleich an. Ich weiß aus eigener Erfahrung, dass das manchmal peinlich werden und nach hinten losgehen kann. Aber es lohnt sich trotzdem. Denn hinter denen, die verstört auf deine Witze oder deine Ehrlichkeit reagieren, steht meistens eine Frau mit großem Herz und winkt. Ich wünsche dir von ganzem Herzen, dass du mindestens eine dieser Frauen triffst und mindestens einmal für andere genau diese Frau bist.

Alles Liebe,
Deine Rike

Wer war dir in der letzten Zeit eine große Stütze und wieso?

Schreib es hier auf, mach ein Foto davon und schick
es der jeweiligen Person einfach mal per Nachricht.
Wir selbst freuen uns ja schließlich auch über Dank,
Anerkennung und Lob ...

_____

_____

_____

_____

_____

_____

_____

Liste von Momenten, die wir garantiert nie vergessen

An welchem Ort wir den SCHWANGERSCHAFTSTEST gemacht haben – und wie wir reagierten, als er positiv war.

Den ERSTEN BEWUSSTEN MOMENT mit dem eigenen Baby im Arm. Das erste Schmatzgeräusch.

Die erste wohltuende DUSCHE nach der Geburt.

Wie jemandem aus der Familie oder dem Freundeskreis DIE TRÄNEN KOMMEN, als er oder sie das Baby zum ersten Mal sieht.

Der erste Tag zu Hause und dieser Moment der Gewissheit: Wir sind jetzt EINE FAMILIE.

Der erste vorsichtige SPAZIERGANG mit Neugeborenem.

Das KLEINE GESICHT, wenn es dich nach dem Aufwachen erspäht.

Das NEBEN-DEM-KIND-LIEGEN-UND-NICHT-EINSCHLAFEN-KÖNNEN, weil man sein Baby anschauen muss und sich fragt: Hab das wirklich ICH gemacht?

Wenn dein untröstliches Baby AN DIE BRUST ANDOCKT und mit einem Mal alle Anspannung von ihm geht und es einschläft.

Der Tag, an dem sich dein Baby zum ersten Mal SCHWALL-ARTIG ÜBERGIBT, alles warm wird – am besten im Café oder Einkaufszentrum.

Die Sekunde, IN DER DIE KLEINE HAND IN DER GROSSEN LIEGT. Oder das Baby seinen Kopf voller Vertrauen auf unserer Schulter ablegt.

Das erste ZAHNLOSE GRINSEN, das uns fast überlaufen lässt vor Glück und Liebe.

Den Augenblick, in dem jemand anders als wir selbst den Sohn wickelt – und die Person plötzlich nach hinten hüpft, weil das Baby anfängt ZU PINKELN.

Die Tage, an denen die Müdigkeit so gravierend ist, dass wir uns wie betrunken fühlen und über uns selbst und UNSERE VER-PEILTHEIT grinsen.

Das erste MAA-MAAAAA.

Der Moment, in dem uns jemand fragt, wann denn die Geburt ansteht, OBWOHL WIR LÄNGST ENTBUNDEN HABEN. Tja, der Bauch ist halt nicht bei allen sofort weg – und wir sind um eine Anekdote reicher, mit der wir bei der nächsten Party die Runde zum Lachen bringen können.

Die schlimme Minute, in der das Baby VOM WICKELTISCH FÄLLT, uns kurz das Herz stehen bleibt und wir dann sehen: Alles ist gutgegangen. Auch das überlebt ein Kind also.

Der Abend nach einem anstrengenden Tag, an dem man an diesem WOHL-SÜSSLICH DUFTENDEN KÖPFCHEN schnuppert und alles vergessen ist.

Ich bin so dankbar ...

 ... für meine Hebamme, die während der Geburt an meiner Seite geblieben ist und mich durch dieses Wunder begleitet hat

 ... für meinen Mann, der mit mir das Abenteuer Familie gewagt hat

 ... für meine Mütterpflegerin, die einfach mal nur für mich und niemand anderen da war

 ... für die Krankenschwestern, die mir beim Duschen nach der Geburt geholfen haben und mir tausendmal erklärt haben, wie ich das Kind richtig anlege

 ... für meine Nachbarn, die immer einspringen, wenn mal Not am Mann ist (und die immer Kaffeepulver da haben, wenn meins mal wieder leer ist)

 ... für meine Mutter, die mein Lieblingsessen gekocht hatte, als ich aus dem Krankenhaus kam

 ... für meine Freundinnen, die während des Wochenbettes für mich eingekauft haben

… für die ältere Dame, die mich an der Supermarkt-
kasse vorließ, weil mein Baby im Wagen brüllte

 … für Telefonanrufe, Chats und Mails, die sagten,
dass die Müdigkeit nicht für immer bleibt

 … für Gesundheit und für mehr als fünf Stunden
Schlaf am Stück

 … für ein warmes Bett und eine schöne Wohnung, in
denen ich mich in den ersten Tagen mit Baby ver-
krochen habe

 … für Smartphones, mit denen ich trotz Dauerstillen
Kontakt nach »draußen« hielt

 … für Frauen, die mir Mut gemacht haben, dass
meine Karriere wegen des Babys nicht enden muss

 … für Kinderärzte, die mich beruhigten und ernst
nahmen

 … für Schokolade, für Kaffee, für Musik

Wofür wir unseren Kindern dankbar sein können

Keine Freiheiten mehr, weniger Freizeit, kleinere Karrierechancen. Kinder werden so oft als Verhinderer dargestellt. Wie sehr wir aber auch von unseren Babys profitieren können, das fällt dabei oft hintenüber. Dabei setzt die Elternschaft ja auch ungeahnte Kräfte in uns frei. Wir lernen an uns selbst ganz neue Seiten kennen, und wir werden durch sie so unglaublich demütig. Wir schauen unsere Eltern an und denken: Wow, DAS habt ihr damals auch alles gemacht? Plötzlich können wir uns in sie hineinfühlen, verstehen sie auf eine ganz neue Art und Weise und lernen zu schätzen, was sie für uns in der Vergangenheit getan haben.

Wenn aus Partnern Mama und Papa werden und aus der Liebe Leben entsteht, wenn sich die Prioritäten verschieben und aus einem Beruf durch die Kinder plötzlich eine Berufung wird, die uns erfüllt ... dann lässt uns das innehalten. Kann mich vielleicht mal jemand kneifen? Ist das hier wirklich alles mein Leben gerade? Wir sind so dankbar, dass wir das erleben dürfen.

Wir schreiben diese Zeilen aus dem Homeoffice, weil wir durch unsere Kinder plötzlich den Mut hatten, uns selbständig zu machen. Einen Nine-to-five-Job konnten wir uns plötzlich nicht mehr vorstellen, und Schreiben können wir schließlich von überall. Was für ein großes Glück, dass wir uns heute nicht nach anderen richten müssen, sondern uns ganz auf unsere eigenen Interessen fokussieren können.

> Danke Kinder,
> denn ohne euch wären wir
> vielleicht heute noch nicht
> unsere eigenen Chefinnen.

Wir haben zu schätzen gelernt, was andere in ihrem Leben für uns getan haben. Das gilt besonders für unsere Eltern, denn nie im Leben hätten wir gewusst, was sie geleistet haben, wenn wir nicht selbst Mütter geworden wären.

Durch euch sortieren sich unsere Werte noch mal neu, ohne euch hätten wir niemals so genau zu spüren bekommen, was uns im Leben wichtig ist. Bewegung, gesunde Ernährung, Hilfsbereitschaft, Toleranz – bestimmt wäre das auch ohne euch in unser Bewusstsein gekommen, aber durch euch haben wir lernen dürfen, was es wirklich heißt, für seine Werte einzustehen, sie weiterzugeben an die nächste Generation.

> *Danke Kinder, denn ohne euch hätten wir nie in der Form und Intensität zu schätzen gelernt, was andere für uns getan haben.*

> *Danke Kinder, dass ihr uns ganz klar zeigt, für welche Prioritäten im Leben es sich lohnt, mit aller Kraft einzustehen.*

Wie sehr wir manche Dinge lieben, das hat uns vor allem auch die Abstinenz von diesen Dingen gezeigt. In den ersten Jahren war an Tanzen, Shoppen, Yoga, Reiten, Ausgehen, Freunde treffen, Netzwerken, Kino oder Lesen nicht zu denken. Erst als wir aus der Babyblase wiederauftauchten, ploppten diese Leidenschaften wieder auf und das Wiederentdecken hat uns ganz klar den Weg zurück gezeigt, deutlicher als je zuvor.

Um was es wirklich geht im Leben, nämlich darum, Zeit mit seinen Liebsten zu verbringen und gesund zu sein, das habt ihr uns ebenso gezeigt. Als die ersten Infekte losgingen, wir

Danke Kinder, dass ihr uns so klar vor Augen führt, was wir wirklich brauchen und lieben im Leben.

auch mal mit euch ins Krankenhaus mussten, zeigte uns das, wie dankbar wir für jeden Tag sein sollten, den wir zusammen und in Gesundheit miteinander verbringen dürfen.

Danke Kinder, dass ihr den Fokus auf das wirklich Wichtige im Leben lenkt. Auf unsere Gesundheit und die Zeit, die wir miteinander haben.

WANN WARST DU ZULETZT DANKBAR
UND WOFÜR?

Dankbare Situationen, die uns oder Freunden von uns wirklich so passiert sind

» Neulich saß ich im Flugzeug und hörte in den vorderen Reihen ein Baby schreien. Als die Stewardess mit ihrem Snack-Wagen vorbeikam, bestellte ich eine Tüte Gummibärchen und sagte, sie solle sie bitte an die Mama mit dem schreienden Kind geben, als Nervennahrung. Und bitte anonym. Zehn Minuten später stand die Mama mit ihrem Baby an meinem Platz. Die Stewardess hatte mich verraten. Die Mama hatte Tränen in den Augen und wir umarmten uns lächelnd. «

» Ich musste zu einem Termin im obersten Stockwerk eines Mietshauses und hörte, dass in der Wohnung gegenüber der Praxis ein Baby schrie. Es schrie auch noch, als mein Termin beendet war. Es war Hochsommer. Ich ging zur Eisdiele, bestellte einen großen Becher mit Sahne und klingelte nervös. ›Entschuldigung, ich hatte selbst mal ein Baby, das viel schrie und dachte, Sie könnten vielleicht etwas Nervennahrung gebrauchen?‹ Ich glaube, den Tag wird die Mama nicht mehr vergessen. Sie sagte, so hätte sich schon lang niemand mehr um sie gekümmert. «

Ein Foto
und seine Geschichte

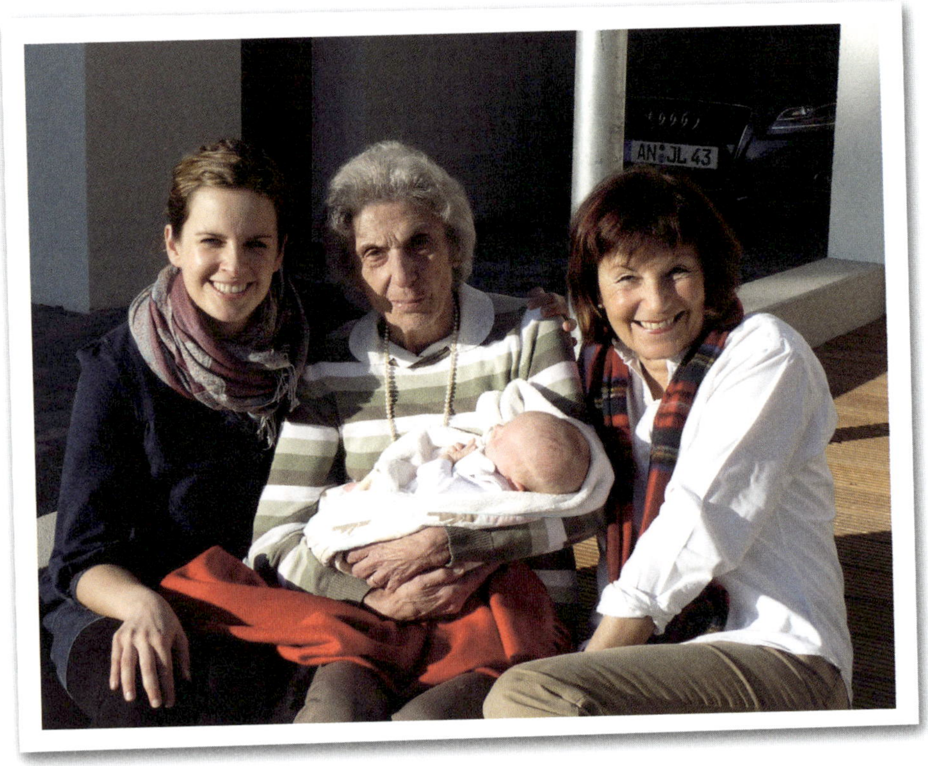

>> Ich kann mich noch erinnern, dass dieses Foto an dem ersten Frühlingstag aufgenommen wurde, an dem es warm genug war, dass man ohne Jacke draußen sitzen konnte. Es war, als hätte jemand die Sonne extra für den Moment angeknipst, an dem meine Oma meine Tochter das erste Mal im Arm hält.

Baby, Mama, Großmutter, Urgroßmutter – EIN Foto, VIER Generationen Frauen, 85 Jahre Altersunterschied zwischen der Ältesten und der Jüngsten. Ein Bild voller Wärme, voller gelebtem Leben und voller Zukunft. Ein Foto, das mich zutiefst dankbar macht. Denn es zeigt drei Frauen, die mein Leben so bereichern bzw. bereichert haben.

Meine Oma, die die besten Schnitzel der Welt machen konnte. Die mich immer angenommen hat, wie ich bin, die so gut trösten konnte. Die uns Kindern vom Krieg und der Flucht erzählt hat, die uns immer zehn Euro zugesteckt hat. Die ihr Hörgerät einfach ausgestellt hat, wenn wir ihr zu laut waren. Die irgendwann immer kleiner und schwächer wurde. Die ich jeden Tag so vermisse.

Meine Mutter, die der Fixpunkt in meiner Kindheit war. Die Geborgenheit und Sicherheit ausstrahlte, die mich nie hängenließ, die mir immer wieder sagte, wie wichtig eine gute Ausbildung ist, als ich keinen Bock mehr auf Schule hatte. Die heute noch mein Notnagel ist, mein Auffangbecken.

Meine Tochter, meine Erstgeborene. Mein kleines, zartes Mädchen, das mit gerade mal 2500 Gramm zur Welt kam. Die mein Leben für immer verändert hat, die mein Spiegel ist. Die mir zeigte, was wirklich wichtig ist und wie sehr man lieben kann.

Ich wäre nicht die, die ich bin ohne diese drei. Ich wäre nicht da, wo ich heute bin, ohne die Erlebnisse, Erzählungen, ohne die Verbindungen zu diesen drei.

EIN Foto, VIER Generationen Frauen – so viel Liebe, so viel Dankbarkeit.«

Wow, bin ich verzweifelt

VON LISA

»Wofür mach ich das hier eigentlich alles?«

Manchmal fühlt sich alles dunkel an. Wie in einem Tunnel. Wir tasten uns durch dieses neue Leben und setzen einen Fuß vor den anderen. Immer wieder fällt Licht ein – aber manche Etappen sind auch wirklich herausfordernd. Vielleicht wissen wir bereits, dass nach dunklen Phasen immer auch wieder helle kommen. Oder ahnen, dass es nicht nur den einen Weg gibt. Dass es verschiedene gibt, niemals aber einen falschen. Und auch wenn einige Hürden oder Umwege mal aufs Gemüt schlagen: Jeder Streckenposten auf unserem Weg durch die Mutterschaft bringt uns weiter.

Soll das jetzt ein Dauerzustand bleiben? Werde ich nun für immer in meinen vier Wänden ausharren und mich fern meiner eigenen Bedürfnisse und Grenzen um einen anderen Menschen – oder um mehrere – kümmern? Manchmal kommt uns Müttern die Situation aussichtslos vor. Wir können nicht voraussehen, wann und ob uns unser Baby auch mal weniger intensiv braucht, wir haben ein schlechtes Gewissen, wenn wir Dinge anders machen als andere, wenn wir mal etwas für uns tun, wenn wir mal egoistisch sind ...

Dieses in unserem Kopf tobende Gefühlschaos ist anstrengend. Wie viel Fürsorge braucht mein Kind? Wie viel brauche aber nun mal auch ich? Und kann ich mir diese Selbstfürsorge gestatten? Das Baby schreit über Stunden, es schläft nachts nicht, es hat Schmerzen im Bauch oder beim Zahnen. Keiner Mama fällt es leicht, das eigene Baby leiden zu sehen. Fast ist der Schmerz auch bei uns schon körperlich.

Dazu die vielen Ratschläge von außen, die angeblichen Geheimrezepte, die für das eigene Kind aber nicht zu gelten scheinen. Die Gedanken an den Job, in den wir – wann eigentlich? – auch mal zurückwollen. Oder gar nicht zurückwollen. Die Sorgen um die Finanzen, um die fehlende Zeit zu zweit mit dem Partner, der Frust. Das alles kann uns in der Summe schon mal in die Verzweiflung treiben.

Unsere Lebenssituation hat sich komplett gewandelt. Dachten wir anfangs noch: Pah! Bei mir hat sich doch nichts verändert! Die Wohnung ist die gleiche, der Mann auch, das Auto sowieso – merken wir nach und nach: Ui, es hat sich – vor allem innerlich – doch schon ganz schön was verändert.

Wir tragen unser Herz nun zum Teil außerhalb unseres Körpers, nämlich in diesem kleinen Menschen, der da heranwächst. Wir möchten für ihn und für uns die besten Ausgangsbedingungen. Natürlich kann da zeitweise Panik aufkommen. Das ist – ganz ehrlich – vollkommen normal. Manchmal kann es helfen, die eigene Verzweiflung dann einfach zu benennen.

ICH VERZWEIFLE manchmal, wenn ich am Fenster stehe, dich schuckelnd im Arm halte, dich nicht ablegen kann und draußen das Leben einfach weitergeht.

ICH VERZWEIFLE manchmal daran, dass ich schon vor dem ersten Kaffee den Lieblingsschnuller suchen muss.

ICH VERZWEIFLE manchmal, wenn ich nicht weiß, wie ich dir helfen kann, wenn du einfach nicht zu beruhigen bist.

ICH VERZWEIFLE, wenn niemand sieht, was ich den ganzen Tag geleistet hab und ich mich nur noch im Kümmer-Modus befinde.

ICH VERZWEIFLE, wenn ich es am ganzen Tag nicht schaffe, einfach mal eine einzige E-Mail zu schreiben oder ein Telefonat zu führen oder den Boden zu saugen.

ICH VERZWEIFLE manchmal an dem Versuch, duschen zu gehen.

ICH VERZWEIFLE manchmal daran, dass ich nicht einmal mehr Zeit zum Kochen habe und mir stattdessen eine Tüte Kekse aufreiße.

ICH VERZWEIFLE manchmal daran, dass überall verstreut Kindersachen herumliegen.

ICH VERZWEIFLE manchmal daran, dass ich den ganzen Tag kein einziges Gespräch führen kann, das über DutsiDutsiTü-tata hinausgeht.

ICH VERZWEIFLE manchmal daran, dass alle Klamotten immer vollgespuckt sind.

ICH VERZWEIFLE manchmal daran, dass ich vor lauter Mü-digkeit nichts mehr wiederfinde und der Schlüssel komi-scherweise im Kühlschrank wieder auftaucht.

ICH VERZWEIFLE manchmal daran, dass ich meine Ruhe nicht haben kann, wenn ich sie gerade brauche.

ICH VERZWEIFLE manchmal daran, dass unsere Ehe kaum noch existiert.

ICH VERZWEIFLE manchmal daran, dass ich das Gefühl habe, zu wenig Zeit zu haben für alles.

ICH VERZWEIFLE manchmal daran, dass ich mein Baby so sehr liebe, dass die Angst um diesen kleinen Menschen mich aufzufressen droht.

Und ja, ich stehe zu dieser Verzweiflung. Auch wenn sie zu allem gehört, was mein ganzes Glück ausmacht. Das Leben mit meinem Baby. Das Leben als Familie. Und auch wenn ich in meinen verzweifelten Momenten oft denke: »Verdammt, ich schaffe einfach nichts mehr«, so weiß ich im Grunde doch, dass das absolut nicht stimmt. Denn natürlich schaffen wir als Mütter etwas. Vielleicht sieht man es nicht auf den ersten Blick. Aber wir schaffen eine ganze Menge. Mehr sogar vermutlich, als wir jemals zuvor geschafft haben.

Wir haben ein Kind geboren. Unser Körper hat das geschafft.

Wir geben bedingungslose Liebe.

Wir schaffen Urvertrauen.

Wir sind 24 Stunden am Tag mit Gedanken an einen anderen Menschen als uns selbst beschäftigt und jederzeit ansprech- und einsetzbar.

Wir füttern und ernähren einen Menschen.

Wir wechseln Windeln.

Wir schuckeln, küssen, kuscheln, tragen einen kleinen Menschen.

Wir trösten.

Wir machen ganze Nächte durch und freuen uns über ein einziges Lächeln.

Wir gehen flexibel auf Bedürfnisse ein, weil kein Tag dem anderen gleicht.

Wir investieren Zeit.

Wir sorgen uns.

Wir sind die Sprungschanze ins Leben unseres Babys, das Trampolin, das unser Kind kraftvoll aufspringen lässt und es wieder auffängt.

Wir sind das Netz, das nie reißt.

Wir liegen auf Teppichen rum und begeistern mit Fingerspielen oder Liedersummen.

Wir schaffen einfach nichts mehr? Vielleicht nicht mehr die Dinge, die uns in unserem Leben bislang wichtig waren, die vielleicht einfach unkommentiert nebenherliefen. Aber wir schaffen natürlich etwas. Eine ganze Menge. Alles.

WIR SCHAFFEN LEBEN.

Wenn du dir zwei Dinge wünschen dürfest, welche wären es?

Bitte ankreuzen:

◯ Jede Nacht DURCHSCHLAFEN	◯ Die ALTE FIGUR zurück	◯ AUSSCHALT-KNOPF fürs schreiende Baby
◯ Zeit für mich ALLEIN	◯ Nie wieder KRANK oder SCHMERZEN	◯ Mehr ANERKENNUNG
◯ Mehr GELD	◯ Kein SCHLECHTES GEWISSEN mehr	◯ Glückliche Stunden zu zweit ALS PAAR

Musik als Trost

DAS sind die Lieder, die mich an schweren Tagen gerettet
haben:

DAS sind die Lieder, die mich an fröhlichen Tagen eupho-
risch machen:

DAS ist die Musik, die meinem Kind am besten gefällt:

ETAPPENZIELE SETZEN – DU SCHAFFST DAS!

Wenn ich einen Berg hochschaue, dann denk ich: Boah, ist der hoch. Das schaff ich niemals bis zum Gipfel. Wenn ich mir aber vornehme, erst mal nur fünf Schritte zu versuchen, dann kurz Pause zu machen und wieder fünf Schritte in Angriff zu nehmen, dann erscheint mir die Hürde gar nicht mehr so groß. Vielleicht kann das auch im Alltag mit dem Baby helfen.

Wenn die Tage zu lang und die Nächte zu kurz sind, wenn alles gerade so anstrengend wirkt, vielleicht hilft es dann, nur noch in Stunden oder Tagen zu denken statt in Wochen oder Monaten. Denn ein »Heute Nachmittag treffe ich mich zum Kaffee« ist ermutigender als ein »In den nächsten drei Wochen werde ich wohl nie mehr als drei Stunden am Stück schlafen«.

Denn auch wenn es jetzt grad vielleicht unvorstellbar ist: Irgendwann werden alle Zähnchen da sein und das große Sabbern nimmt ein Ende. Irgendwann wird sich das Kind selbst das Fingerfood in den Mund stecken können – und ja, auch einfach mal eine ganze Nacht lang durchschlafen. Bis dahin: Immer in Etappen denken.

»Nichts erfordert mehr Mut, als schwach zu sein«

Daniela Maniva Melo bloggt auf siebenkilopaket.de über ihr Leben als Regenbogenfamilie. 2015 bekamen sie und ihre Frau ihr erstes Kind. 2018 kam ihr zweites Kind als Frühchen zur Welt. Das Leben der Familie stand erst mal kopf.

»Zu gerne würde ich euch erzählen, dass ich hochkonzentriert an unglaublich spannenden Projekten arbeite, doch die Wahrheit ist: Hier ist das Leben voll im Gange, mit all seinen wunderschönen Höhen und den dazugehörenden Tiefen. Oder anders gesagt: Hier scheppert es gerade gewaltig im Karton.

Mit der Geburt eines Kindes beginnt immer eine Reise ins Unbekannte. Bei uns ist sie wortwörtlich zu nehmen. Wir passen unseren Kurs regelmäßig an, brauchen für einige Strecken überraschend kurz und für andere unerwartet lange.

Wie schwach ich mich gerade fühle. Wie sehr mich Dinge aus dem Gleichgewicht bringen. Wie verletzlich ich gerade bin.

Ich denke viel darüber nach, was meine jetzige Situation ausmacht. Die Frühgeburt. Die damit verbundenen Ängste. Die Sorgen. Die Veränderungen in meiner Familie. Der Veränderungen in meinem Alltag. Die Veränderungen in meinem Verhalten.

Anfangs fühlt es sich so an, als würde ich mit meinen Gefühlen an einem runden Tisch sitzen. Alle reden laut durcheinander, gestikulieren wild, jede Emotion versucht, auf sich aufmerksam zu machen. Und ich weiß, wenn ich von diesem Tisch aufstehen möchte, muss ich jedes einzelne Gefühl verstehen. Ich muss es kennenlernen und erfahren, was es mir sagen will. Ich muss auf diese Gefühle eingehen.

Also nehme ich mir die Zeit, traurig zu sein. Darüber, dass ich meine Schwangerschaft nicht genießen konnte. Dass die erste Zeit mit dem Kleinen so verdammt hart war. Und darüber, dass ich das Gefühl habe, nichts und niemandem gerecht zu werden.

Ich lasse die Angst zu. Beobachte jede Bewegung des Kleinen mit Argwohn. Stelle den Ärzten dreißigmal die gleichen Fragen.

Ich nehme mir die Zeit, enttäuscht zu sein. Über vermeintliche Freunde, die schlicht verschwunden sind. Über leere Floskeln. Über leere Versprechen. Ich lasse die Tränen zu. Ich lasse die Gefühle zu. Ich lasse mir Zeit. Ich ziehe mich zurück. Um aus den negativen Dingen zu lernen. Um daran zu wachsen. Um auch aus dieser Krise Kraft zu schöpfen. Ich rede mit denen, die mich enttäuscht haben.

Ich hebe den Kopf, strecke mich und lange nach oben. Zu meinen Träumen. Sie sind zum Greifen nah. Ganz langsam erlaube ich mir, mich wieder groß und gut zu fühlen.

Ich weine und drücke den Kleinen fest an mich. Schaue mir Fotos aus der Anfangszeit an. Platze vor Stolz. Stolz auf ihn, auf mich, auf unsere Familie. Auf die Gewissheit, auch die schwierigste Zeit gemeinsam zu meistern. Auf die Gewissheit, dass Schwäche auch Stärke sein kann. Auf die Gewissheit, noch ganz am Anfang zu stehen – mit dem Blick nach vorne und viel Mut im Herzen.«

Hauptsache, das Kind ist gesund? Von wegen!

Manche Frauen denken noch lange über ihr Geburtserlebnis nach. Einige Frauen fühlen sich, als hätten sie versagt, wenn die Geburt zum Beispiel im Kaiserschnitt endete. Dabei betrifft das in Deutschland immerhin jede dritte Frau. Andere Frauen werden überrascht von dem vermeintlichen Kontrollverlust über ihren Körper und zum Teil auch von der Fremdbestimmung durch die Ärzte. Sie fragen sich, ob nicht alles anders gelaufen wäre, wenn keine Eingriffe vorgenommen worden wären. Andere fühlten sich unter Druck gesetzt oder nicht ernst genommen von Sätzen wie »Wenn Sie so weitermachen, kommt das Kind nie!«.

In solchen Fällen braucht es Zeit, das Geschehene zu verarbeiten. Nicole Ebrecht-Fuß ist studierte Familienbegleiterin, Sexualpädagogin (MA) und selbst Mutter dreier Kinder. Sie unterstützt Frauen, ihre Geburtserlebnisse zu verarbeiten, bietet therapeutische, ganzheitliche Geburtstraumabegleitung an. Seit acht Jahren leitet sie auch eine Selbsthilfegruppe für Frauen nach Kaiserschnitt und traumatisch erlebter Geburt in Köln. Was pauschal hilft, kann sie nicht sagen, denn jede Frau bringt natürlich ihre eigene Geschichte mit. Sie kann aber aus Erfahrung sagen:

»Einige Frauen reden viel über die Geburt, andere schreiben das Erlebte auf. Manche suchen Rat bei ExpertInnen oder gehen zur Osteopathie. Wieder andere besuchen unsere Selbsthilfegruppe. Die meisten weinen und betrauern das, was geschehen ist.

Wichtig sind dabei Angehörige, die zuhören und ihre Trauer oder Wut nicht abtun; ernst genommen zu werden ist wichtig, wenn sich Frauen machtlos oder ausgeliefert fühlten. Viel ist geschafft, wenn sich betroffene Frauen irgendwann sagen können: Ja, ich bin traurig, dass die Geburt so verlaufen ist, aber das ist nun unsere gemeinsame Geschichte, die wir zusammen durchgestanden haben, und es reißt mir nun nicht mehr den Boden unter den Füßen weg.«

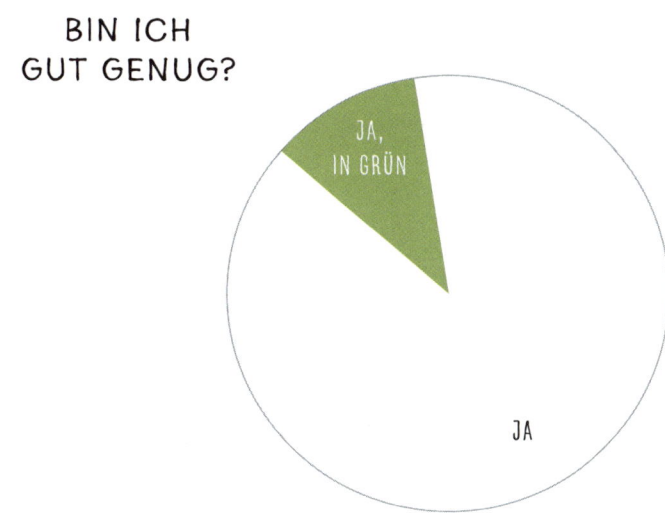

BIN ICH
GUT GENUG?

JA,
IN GRÜN

JA

Mütter brauchen Entlastung!

Dr. Karella Easwaran ist Kinderärztin in Köln, sie stammt aus Äthiopien und ist ganz anders aufgewachsen als Kinder hier in Deutschland. Sie sagt: Eltern machen sich heute viel zu große Sorgen. Und sie hat Tipps, wie wir das ändern können. Denn nur, wenn es der Mama gutgeht, kann es auch den Kindern gutgehen – davon ist sie überzeugt.

»Schauen Sie sich Ihr Baby an. Ist es nicht ein Wunder? Wenn Sie Ihr Kind ansehen, wie perfekt es da liegt, wie süß es schaut, wie vollkommen es ist, dann vergessen Sie alles um sich herum. Und das ist gut so, genießen Sie es einfach! Denn viele Eltern machen sich heute viel zu viele Sorgen!

Wissen Sie, in meiner Kinderarzt-Praxis ist das Wartezimmer immer voll. Das liegt nicht daran, dass Kinder heute öfter krank sind als früher. Es sind die Sorgen der Eltern, die für so viele kleine Patienten sorgen: Entwickelt sich mein Kind normal? Braucht es Hilfen? Könnte ich etwas übersehen? Das Baby schläft nicht, das Kind krabbelt nicht ...

Diese Sorgen sind echt. Ich nehme sie ernst. Aber meine Aufgabe als Kinderärztin hat sich verändert. Früher behandelte ich lebensbedrohliche Gehirnhautentzündungen, heute liegt ein großer Teil meiner Aufgabe darin, Eltern zu beruhigen, zu ermutigen und zu unterstützen.

Wenn Mütter in der Praxis vor mir sitzen, verzweifelt, weil ihr Kind schon WIEDER erkältet ist, dann beruhige ich sie gern mit meinem Lieblingssatz: »Jeder Infekt schenkt ihrem Kind fünf weitere Lebensjahre.« Dieser Satz wirkt wie Balsam auf der Seele der Mama, sie fängt an zu lächeln.

Es entlastet Eltern zu hören, dass jeder Infekt das Immunsystem trainiert. Mütter brauchen Entlastung! Sie brauchen Humor und Leichtigkeit! Noch viel mehr aber brauchen Eltern Anerkennung. Und deswegen sage ich Ihnen hier gern: Sie machen das toll mit Ihrem Kind! Wirklich!

Merken Sie, wie dieser Satz Druck abbaut? Wie Sie sich kurz entspannen? Gut so, denn davon profitiert auch Ihr Baby! Gesunde Mütter bedeuten gesunde Kinder. Alle Gefühle sind erlaubt, niemand muss perfekt sein. Hören Sie auf Ihr Bauchgefühl!

Ich habe mich oft gefragt, warum Eltern in einem so hochentwickelten Land mit so gesunden Menschen so viele Sorgen haben. Es liegt daran, dass sie viel zu oft allein gelassen werden, dass ihnen der Clan fehlt, an dem sie sich orientieren können. Mütter müssen nicht alles alleine schaffen!

Viele Mütter berichten mir, dass sie in den ersten Wochen nach der Geburt keinen Besuch haben wollen, weil sie dann Gastgeber spielen müssten. Wie schade! Als meine eigene Schwester geboren wurde, damals lebten wir noch in Äthiopien, haben alle Nachbarn gekocht – wie selbstverständlich. Als meine Mutter mit dem Baby wiederkam, jubelte die ganze Nachbarschaft. Ein schöner Lebensbeginn.

Heute stresst uns sogar die Suche nach einer Hebamme, weil sich viele durch die Erhöhung der Haftpflichtsumme ihren Job nicht mehr leisten können. Das dürfen wir nicht zulassen! Hebammen sind die Entstresser Nummer Eins für Mütter. Wir können nicht auf sie verzichten!

Eine Frau im Wochenbett braucht Ruhe und Geborgenheit. Eine Hebamme hilft zu Hause, in geschütztem Rahmen. Hebammen bringen Fürsorge, Erfahrung und Expertise in die Familien. Sie sind essentiell wichtig für Frauen, um ein Vertrauen in sich selbst als Mutter zu entwickeln.

Sie spenden Trost, bauen auf und haben dazu noch das Fachwissen, das Sicherheit vermittelt. Viele Folgeerkrankungen könnten durch sie im Keim erstickt werden. Hebammen sorgen langfristig für gesunde Mütter und Kinder, indem sie die Grundlagen für ein positives Miteinander von Mutter und Kind legen. Denn wenn eine Mutter Vertrauen hat, lösen sich viele Probleme von selbst.

Viele Eltern in meiner Praxis brauchen kein Rezept. Sie brauchen Hilfen durch Hebammen, Freunde, Familie. Und sie brauchen für sich ein Umdenken: Beneficial Thinking nenne ich das, vorteilhaftes Denken. Unser Gehirn schüttet Stresshormone aus, wenn das Kind nicht krabbelt, obwohl im Ratgeber steht, dass es das schon können sollte.

Der Blutdruck steigt, wir schwitzen, haben Angst und sorgen uns. Das passiert auch, wenn wir merken, dass wir es nicht mehr pünktlich zum

Termin bei der Frauenärztin schaffen, denn unser Gehirn kann nicht zwischen echter und unechter Gefahr unterscheiden.

Es ist wichtig, sich dann zu fragen: Ist die Situation lebensgefährlich oder nicht? Ist das Zuspätkommen beim Arzt lebensbedrohlich?

Nein? Dann atmen Sie tief durch, Unpünktlichkeit ist kein Dino, der uns fressen will, ein nicht krabbelndes Kind keine Gefahr. Auch Babys sind Menschen, sie entwickeln sich unterschiedlich, sie funktionieren nicht nach Tabellen.

Kaiserschmarrn, das Wort hilft mir in akuten Stresssituationen. Mit Kaiserschmarrn verbinde ich Wärme und österreichische Hütten. Puderzucker, der auf der Zunge zergeht. Ich sage mir dieses Wort laut vor, wenn ich mal wieder zu spät dran bin und der Körper überreagiert. Das Gehirn schüttet dann positive Signale aus. Mein Puls fährt runter.

Ich finde: Jeder sollte so ein Codewort haben. Eines, das hilft, wenn das Baby herzzerreißend weint. Wenn man sauer auf den Partner ist. Oder wenn mal wieder irgendetwas nicht so läuft, wie wir es uns vorgestellt haben.

Welches Wort könnte bei Ihnen solch wohlige Gefühle hervorrufen?

Schreiben Sie hier Ihr persönliches Codewort auf und denken Sie in der nächsten Stresssituation dran. Sie werden sehen: Es wird helfen. Und wenn es nur für ein kleines Lächeln in Ihrem Gesicht sorgt. Lächeln ist gut fürs Immunsystem. Und gesunde Mütter haben gesunde Kinder ...

MEIN CODEWORT FÜR STRESSIGE SITUATIONEN:

Ein Foto
und seine Geschichte

>> Oh, das bin ich, Lisa, 24 Jahre alt, mit meinem ersten Baby im Arm, das in den ersten Monaten Abend für Abend schrie. Dieses Foto ist das Bild, das mich im Baby-Album unserer Tochter am meisten fesselt. Weil es so echt ist. Und weil wir am Ende vor lauter Glück über unser Kind ja doch so vieles verdrängen.

Ohne dieses Bild hätte ich längst vergessen, wie sich unsere Abende zu Anfang gestalteten. Ich sehe müde aus, unendlich müde. Augenringe, glasiger, genervter Blick.

Mein Gesicht auf diesem Bild zeigt nicht, dass ich meine Kinder als das Größte und Beste der Welt vergöttere. Er zeigt nicht, dass ich mich mit dem Thema Mutterwerden und -sein Jahrzehnte lang auch beruflich beschäftigen würde ...

Es verrät nicht, dass ich vor lauter Glück über diesen kleinen, besonderen Menschen in meinem Arm bald wieder schwanger wurde – und damit auch noch Zwillinge in unsere Familie platzten.

Mich macht dieses Bild stolz, weil ich weiß, was aus diesem Kind geworden ist. Und weil ich weiß, was aus dieser Mutter geworden ist. Weil ich weiß, was wir zusammen erlebt und geschafft haben.

Und wenn ich genauer hinschaue, muss ich sagen: Selbst im Gesicht dieses weinenden Babys sehe ich eine solche Schönheit, dass das vielleicht ganz gut beschreibt, wie das so ist in einer Familie. Dass wir nämlich selbst in den verzweifeltsten und müdesten Momenten das Schöne sehen können – und die Liebe zu unseren Kindern nicht verlieren.

Wir halten zusammen, egal, was kommt. Es ist die größte Herausforderung. Es ist das größte Glück. Es ist so unglaublich faszinierend. **«**

Wow, bin ich stolz

VON LISA

Haltet die Welt an, mein Baby hat gelächelt!

Jetzt, genau jetzt, ist der richtige Zeitpunkt, um uns mal gegenseitig auf die Schulter zu klopfen und zu sagen: »Das hast du richtig gut gemacht!« Nein, das ist kein schnödes Eigenlob, sondern schlicht die Wahrheit! Früher konntest du dir nicht vorstellen, nonstop für jemanden verantwortlich zu sein – selbst die Basilikum-Staude war nach zwei Tagen vertrocknet. Und nun? Bist du über dich hinausgewachsen. Du hast ein Kind geboren und bist seit seinem ersten Atemzug für dieses Kind da. Du bist der Grund, warum es wächst, brabbelt, lacht. Und natürlich bist du auch stolz auf dieses unglaublich süße Wesen, das in den letzten Wochen so viel gelernt hat ...

Ha-ha-habt ihr das gesehen? Mein Baby hat grad gewunken. Oh mein Gott, GEWUNKEN. Ich kann es nicht fassen! War das Absicht? Ohhhh, ich glaube schon, es winkt schon wieder der Passantin da gegenüber zu. Fast kommen mir die Tränen.

Du kommunizierst jetzt wahrhaftig mit anderen, du kleines, süßes Baby, das doch grad noch im Bauch war? Du winkst und gluckst und freust dich, dass jemand zurückwinkt?

In diesem Moment durchflutet mich dieses wahnsinnig warme Wohlgefühl namens Mamastolz, das schnell zu Euphorie wird. Ich fühle mich glücklich, voller Kraft, der Welt zugewandt, weil ich so stolz bin. Ich könnte einfach jedem, JEDEM erzählen, was grad Weltbewegendes für mich geschehen ist. Mein Baby hat gewunken!

Mein Schulabschluss? Meine Ausbildung? Die letzte Projekt-Abgabe? Ha! Nicht im Entferntesten haben mir diese Dinge so viele Glückshormone beschert wie dieser kleine Mensch, den ich da zur Welt gebracht habe und den ich nun durchs Leben begleiten darf.

Nie wieder in seinem Leben wird er sich so rasant entwickeln wie im ersten Jahr seines Lebens. Das erklärt auch, warum wir uns vor Stolz-Momenten kaum noch retten können. Da sprudeln ganze WhatsApp-Gruppen über, in denen der Familie der erste Zahn, der erste Brei, das erste Brabbeln in Wort, Bild, mit Video und Ton mitgeteilt werden. Da werden überschwänglich Tagebuchseiten gefüllt. Da vergeht kaum ein Gespräch mit kinderlosen Freunden, in dem wir uns nicht auf die Zunge beißen, um nicht immer wieder von den für uns so spektakulären Entwicklungen unseres Babys zu erzählen.

Und kennt nicht jede Mama diesen Moment, wenn sie nach der Babyphase auch mal wieder allein vor die Tür geht, zum Bäcker oder zur Bank, und dann Menschen begegnet, denen sie am liebsten sofort entgegenbrüllen würde, dass sie ja ein Baby hat: ENTSCHULDIGEN SIE, ICH HAB ÜBRIGENS EIN KIND ...?

Tatsächlich zeigt sich in unserem Stolz das ganze Wunder, das mit dem Kinderkriegen einhergeht. Es hat uns zur Mutter gemacht, uns als Paar zu Eltern, uns alle zu einer Familie.

Wir haben diesen Menschen in uns getragen und bis hierher tatsächlich ganz gut durchs Leben begleitet.

Wie kann ein so perfekter Mensch entstehen? Wie kann er plötzlich nicht mehr wegzudenken sein aus unserem Leben? Wo war er vorher? Ist es denn zu fassen, dass dieses kleine Persönchen nun ein Eigenleben entwickelt? Uns auf seine ganz eigene Weise zeigt, was es möchte – und was nicht? Dass es weiterwächst, Neues lernt – ganz von allein, wie von selbst?

Kinder großzuziehen, das hat auch ganz viel mit Staunen zu tun, das merken wir nun. Mit Staunen und innig Lieben und Loslassen. Denn ja, neun Monate lang haben wir das Baby in uns getragen, haben es durch seine Stupser und seine Wach- und Schlafphasen schon ein bisschen kennengelernt. Haben uns gefragt, wem es wohl ähnlich sehen mag, wie seine Stimme klingen, wie wohl sein Köpfchen duften wird. Und plötzlich ist es da. Und erst mal ist alles neu, einfach alles. Die Tage, die Nächte, das Leben. Und dann erkennen wir nach und nach Muster, erahnen Charakterzüge. Wir tauchen ein in ein vollkommen neues Universum, gehen auf in den Gefühlen zu unserem Kind.

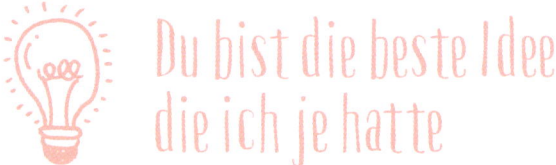

Du bist die beste Idee die ich je hatte

Wenn ich in das Tagebuch des ersten Jahres mit meiner Tochter schaue, dann stehen da nicht nur die ersten Male drin – das erste Stillen in der Öffentlichkeit, die erste Träne aus dem rechten Auge, die erste Aufzugfahrt (ja, sogar die machte mich so stolz, dass ich sie gleich notieren musste!) –, sondern ich erkenne in den Dingen, die sie da in ihren ersten zwölf Lebensmonaten tat, auch schon wirklich unsere Tochter, wie sie heute als Teenie ist.

Die, die mit ihren ersten Schritten auch immer gleich einen Puppenwagen vor sich herschieben wollte und ihre »Bebis« schuckelte, fütterte, tröstete – heute ist sie die beste Babysitterin, die ich mir vorstellen kann. Ich erkenne aber auch die, die in ihrem Zimmer immer wieder Dinge aus- und wieder einsortierte – heute räumt sie regelmäßig ihr Zimmer um und entwickelt es weiter, als würde sie gleich nächste Woche als Innenarchitektin anfangen. Und da ist auch die, die schon im ersten Jahr alles ausspuckte, was mit Kohlrabi, Erbsen oder Bohnen zu tun hatte. Das mag sie heute noch nicht!

Na gut, zu Jacke sagt sie heute nicht mehr Kacke, zu Paprika nicht mehr A-Pi-A, ihr Lieblingswörtchen ist nicht mehr Nein und ihre O-Beinchen von damals erinnern heute nicht mehr an den ehemaligen Fußballprofi Pierre Littbarski. Trotzdem ist es doch erstaunlich, dass einige Eigenschaften aus dem ersten Jahr bereits zukunftsweisend sein können und auch später noch den Charakter unseres Kindes ausmachen.

Und neben diesen wunderbaren und – o. k. – teils auch nervigen ☺ Eigenschaften, die unsere Kinder ausmachen, bleibt eben auch der große Stolz. Denn nur, weil unsere Kinder größer werden, weil sie sich weiterentwickeln (und wir ja auch!), heißt das ja nicht, dass sie nicht unsere Kinder bleiben. Dass sie uns weiter überraschen. Dass sie uns stolz machen, einfach nur, weil sie so sind wie sie sind. Vielleicht anders, als wir es erwartet hatten, vielleicht genauso, aber immer doch einzigartig.

Und dann sitzen wir irgendwann zusammen mit unseren großen Kindern, die innen trotzdem manchmal noch ganz klein sind und lesen ihnen Passagen aus dem Tagebuch ihres Baby-lebens vor und sind stolz aufeinander und auf alles, was wir als Familie gemeinsam erleben dürfen. Denn nichts, wirklich gar nichts könnte einen stolzer machen, als diese geheimnis-volle Sache namens Elternschaft…

TAGEBUCHEINTRAG AUS DEM ERSTEN JAHR MIT UNSEREM KIND:

»Heute ist eines der süßesten Dinge passiert, die ich je an dir gesehen habe. Ich bin jetzt noch ganz beseelt und unendlich stolz. Wir saßen nachmittags auf einer Parkbank am Helmholtz-platz – die Frühlingssonne knallte ein T-Shirt-Wetter zu uns hinunter. Ich fütterte dich mit einem Obst-Getreide-Gläschen und wir beide hatten gute Laune. Irgendwann warst du ganz ab-gelenkt, während du sonst immer gierig den Mund öffnest, wenn der Löffel in deine Nähe kommt. Außerdem bewegtest du dein Händchen so merkwürdig, und dann schaute ich in deine Blick-richtung. Gegenüber von uns, etwa 20 Meter entfernt, saß eine Frau, die dir winkte. UND DU HAST ERNSTHAFT ZURÜCKGEWUN-KEN. Mit erhobenem Ärmchen und deiner winzigen Hand, die du öffnetest – und wieder schlosst. Ich wär fast hintenüber gekippt vor Freude und Stolz.

Abends hab ich deinem Papa davon erzählt, und er konnte es kaum glauben. Bis ich dich zum Ins-Bett-Gehen aus dem Zim-mer trug. Dann drehtest du dich noch mal zu Papa um, der winkte. Und du? Winktest zurück …«

Wir haben uns verändert – nehmen wir es mit Humor!

Als Eltern legen wir manchmal ganz neue Verhaltensweisen an den Tag, die für Nicht-Eltern möglicherweise oft nicht nachvollziehbar sind ...

- Wenn wir im Supermarkt ohne Kinder (also wie im Wellnessurlaub) plötzlich anfangen, den Einkaufswagen hin und her zu schuckeln. Einfach aus Reflex.

- Wenn unser Kind am Klostein geleckt, das Düngemittelstäbchen gegessen oder die Seifenblasenflasche ausgetrunken hat und wir ganz selbstverständlich die Nummer der Giftnotrufzentrale auswendig wissen.

- Wenn wir Schweißausbrüche bekommen, weil das Kind um 17 Uhr im Auto eingeschlafen ist ... Feierabend ade.

- Wenn wir nur noch durch die Gegend hinken, weil wir entweder im Dunkeln und barfuß auf einen Legostein getreten sind oder uns tagsüber beim Aufräumen auf einen draufgekniet haben.

- Wenn wir uns selbst sagen hören: »Das ist nur eine Phase ... !«

- Wenn wir nie saubere Kleidung tragen, weil entweder Spinat am Rücken oder Schnodder auf der Schulter hängt.

- Wenn wir unsere Süßigkeiten nicht nur im hintersten Winkel des Schrankes verstecken, sondern sie auch nur heimlich essen, damit es niemand mitbekommt.

- Wenn wir dem Baby zum Einschlafen den Staubsauger anmachen, weil das Geräusch so beruhigend wirkt.

- Wenn wir Feuchttücher nicht mehr nur noch für den Kinderpopo benutzen, sondern damit auch den Tisch abwischen, die Fenster putzen oder Flecken aus Klamotten entfernen.

- Wenn wir jemandem am Hintern schnüffeln, um festzustellen, ob das noch gut riecht. Ja, auch wenn der Mensch nur einen halben Meter groß ist, hätten wir das von uns wohl nicht erwartet.

- Wenn wir uns in einem 2x2-Meter-Bett mit 50 Zentimetern Platz zufriedengeben.

Stolz aufs neue Vokabular!

Kinder kriegen macht schlau. Warum? Mit der Geburt eines Kindes lernen wir automatisch eine neue »Fremdsprache" – nämlich eltersch. Fast im Minutentakt prasseln neue Wörter auf uns ein, von denen wir vorher noch NIE gehört haben. Hier eine kleine Liste – welche fallen dir noch ein?

Pas|ti|na|ke, die *Substantiv, feminin*; Pastinaken, sind das nicht die Ureinwohner eines noch unentdeckten Ur-wald-Fleckchens in Papua-Neuguinea? Wer das glaubt, hat wohl noch keine Kinder im Brei-Alter. Das Wurzelgemüse ist der ultimative Tipp erfahrener Eltern für Babys ersten Brei. Warum? Weil sich die unvermeidbaren Flecken viel besser rauswaschen lassen als bei der einst so beliebten Möhre.

Still|hüt|chen, das *Substantiv, neutrum;* beim Stillhütchen handelt es sich leider nicht um einen lustigen Partyhut, den wir beim Stillen tragen und auch zur nächsten Silvesterfeier noch mal rauskramen können… Vielmehr geht es hier um eine Art umgedrehten Trichter aus Silikon, der Kindern hilft, aus der Brust zu trinken, wenn es bei Mama einfach nur noch schmerzt. Party wäre sicherlich lustiger…

Veil|chen|wur|zel, die *Substantiv, feminin*; wem bei der Veilchenwurzel das Wasser im Mund zusammenläuft, der sei an dieser Stelle enttäuscht, denn es handelt sich hierbei leider nicht um die Gemüsebeilage eines Sternekochs. Stattdessen haben wir es mit einer natürlichen Zahnungshilfe zu tun, die aus dem Wurzelstock der Schwertlilie gewonnen wird. Nur Eltern, die schon mal ein zahnendes Kind begleitet haben, wissen, wie sehr man sich an jeden Strohhalm klammert, um das Leiden endlich zu lindern.

U1, U2, U3 ..., die, *feminin*; U2, war das nicht diese weltberühmte Band? Nun ... als Eltern haben wir ja eh erst mal keine Zeit mehr für Konzerte, holen wir uns die U2 einfach in anderer Form in unseren Alltag! Zum Beispiel beim »Baby-TÜV« des Kinderarztes, der ab nun regelmäßig als U wie Untersuchung in das U-Heft des Kindes nummeriert als U1, U2 ... U11 dokumentiert wird, um zu schauen, ob das Baby auch wirklich in die Normkurven passt.

Aram|sam|sam, Gul|li|gul|li, soeben hatten wir unser Leben noch unter Kontrolle, führten ernst zu nehmende Gespräche und trafen weitreichende Entscheidungen, nun stampfen wir liedersingend durch Krabbelgruppenräume und tönen: Aramsamsam, Aramsamsam, Gulligulligulligulligulli ramsamsam. UND HABEN AUCH NOCH SPASS DABEI! Was es bedeutet? Weiß niemand. Aber alle wissen: Diesen Ohrwurm tragen wir noch jahrelang mit uns herum ...

PE|KiP®, *Abkürzung*; nackte Babys in einem überhitzten Raum, die auf Fußböden pinkeln? Das ist PEKiP! Die Buchstaben sind die Abkürzung für: Prager Eltern Kind Programm. Und nein, das artet hier nicht zu einer Baby-Swingerparty aus, wie das manche im ersten Moment vermuten mögen. Die Eltern bleiben schön angezogen und haben herrlich viel Zeit, sich mit anderen Eltern über die miese letzte Nacht auszutauschen, während die Kinder endlich mal ungebremst und ohne Windel strampeln können.

Na|sen|sau|ger, der *Substantiv, maskulin*; und dann kommt der Tag, an dem wir denken, wir seien nun endgültig im falschen Film gelandet. Es ist der Moment, in dem uns ein freundlicher Mensch eröffnet, dass wir unser Baby jetzt bitte an einen Staubsauger anschließen sollen. Richtig gehört! Es gibt Aufsätze, mit denen Babys der Schnupfen aus der Nase gesogen werden kann. Mit dem Staubsauger. Ich suche immer noch die Verstehen-Sie-Spaß-Kamera in diesem neuen, völlig aus dem Ruder geratenden Leben ...

Stor|chen|biss, der *Substantiv, maskulin*; ein wildes, flügelflatterndes Tier, das unsere Kinder beißt? Ähm, natürlich... die alte Sage vom Storch, der die Kinder bringt. Da war ja was. Wer braucht schon Sex zum Kinderkriegen? Aber der rote Hautfleck, den einige Säuglinge am Hinterkopf oder über dem Kreuzbein haben, sieht tatsächlich so aus, als hätte ein Storch die Babys im Schnabel gehalten. Meist verblasst die Färbung im ersten Lebensjahr.

Kinds|pech, das *Substantiv, Neutrum*; Kindspech, das ist nicht das Gegenteil von einer Begegnung mit einem Schornsteinfeger oder Schwein. Und trotzdem, so richtig glücklich macht es nicht. Kommt DAS etwa echt aus meinem süßen Neugeborenen raus? Hält zusammen wie Pech und Schwefel – DAHER kommt das Sprichwort also? Natürlich nicht, aber die Vermutung liegt nahe, wenn wir diese klebrig-dunkle Masse in der Windel vorfinden, mit der nach der Geburt eingedickte Galle und mit dem Fruchtwasser verschluckte Haare und Hautzellen ausgeschieden werden.

Jetzt du – welche neuen Worte hast du dazugelernt?

»Mein Kind ist perfekt, so wie es ist«

Du Liebe,

weißt du was? Ich würde dich jetzt gerne einmal in den Arm nehmen und ganz feste drücken. Dann würde ich uns deinen Lieblingstee machen und deine Lieblingskekse holen, und ich würde anfangen zu erzählen … denn ich habe sehr viel zu erzählen. Von meiner besonderen Tochter Juliana, deren Diagnose Down-Syndrom mir bei ihrer Geburt vor 17 Jahren sprichwörtlich den Boden unter den Füßen weggezogen hat. Die ersten drei Tage nach ihrer Geburt habe ich ununterbrochen geweint. Ich war fest davon überzeugt, nie mehr lachen und glücklich sein zu können. In meiner Depression sind mir ganz viele furchtbare Gedanken durch den Kopf gegangen. Und ich schämte mich. Was würden meine Arbeitskollegen denken? Meine Kommilitonen? Die Supermarktangestellten? Von so einem Kind. Unser Telefon blieb still. Keiner gratulierte uns zur Geburt unserer Tochter. Im Gegenteil. Von einer Tante bekamen wir sogar das Buch »Trostgedanken« geschenkt. Erst als wir im Namen unserer Tochter einen E-Mail-Account eingerichtet und eine E-Mail »Hallo hier bin ich« an alle verschickt haben, wollte das Telefon nicht mehr stillstehen, und unsere vielen Besucher gaben sich die Türklinke in die Hand.

Da wurde mir klar, ich muss meiner Umwelt den Weg zeigen, so wie meine Tochter mir immer wieder den Weg zeigt. Unwissenheit ist unser größter Feind. Wir haben vor allem Angst, was wir nicht kennen. Ich wusste bis vor 17 Jahren überhaupt nichts über das Down-Syndrom und hatte nur ganz schlimme Klischeebilder im Kopf. Durch meine Frauenärztin lernte ich eine andere liebe Mutter eines sehr süßen Sohnes mit Down-Syndrom kennen, die mich sofort zum Kaffee mit weiteren tollen Müttern und ihren coolen Kids mit Down-Syndrom einlud. Von da an ging's bergauf. Diese anderen Mütter haben mir wahnsinnig gutgetan. Ich fühlte mich von ihnen verstanden, und sie waren einfach für mich da. Sie waren meine Mutmacher.

Am Anfang dachte ich immer, ich muss meine Tochter so normal wie möglich hinbekommen, damit sie in dieser Gesellschaft nur nicht auffällt. Irgendwann wurde mir klar, dass es an meiner Tochter nichts zu ändern gibt, denn sie ist einfach perfekt, so wie sie ist. Es müsste sich eher unsere Gesellschaft ändern, denn die stellt ja die Normen auf und gibt vor, was als normal gilt und was nicht.

Ja, du merkst schon, ich habe dir viel zu erzählen. Du wirst bald verstehen, dass dein Kind für dich auch eine einzigartige Chance ist. Die Chance, persönlich zu wachsen, reifer und stärker zu werden. Die Chance herauszufinden, was wirklich wichtig ist. Auf einmal wirst du in der Lage sein, dich auch an kleinen, banalen Anlässen erfreuen zu können. Die Chance zu begreifen, wie unwichtig Äußerlichkeiten sind, denen du früher vielleicht eine viel zu hohe Bedeutung beigemessen hast. Die Chance, in deinem Leben die entscheidenden Weichen zu stellen. Die Chance herauszufinden, auf wen du in deinem Leben wirklich zählen kannst. Die Chance, wunderbare Menschen kennenzulernen, denen du vielleicht ohne dein Kind nie begegnet wärst. Die Chance, das, was du lernst und erfährst, an andere weiterzugeben und ihnen Mut zu machen. Die Chance zu lernen, ganz im Augenblick zu leben. Die Chance, nicht deine Augen sehen zu lassen, sondern dein Herz. Die Chance, auf dich, deinen wunderbaren Körper und auf das, was du jeden Tag stemmst und bewältigst, stolz zu sein.

Es wird immer wieder Momente in deinem Leben geben, wo du denkst, du schaffst es vielleicht nicht. Bitte glaub mir, im entscheidenden Moment wirst du die Kraft haben. Du wirst so manches Mal über dich hinauswachsen. Und jedes Mal, wenn du wieder am Boden liegst, wirst du wieder aufstehen und noch ein bisschen stärker sein.

Fühl' dich ganz feste gedrückt!

Deine Conny

Hauptsache gesund – das wünschen sich alle Eltern für ihr Baby. Aber nicht jeder Start ins Leben ist unbeschwert und manche Kinder werfen erst mal alle Pläne durcheinander. »Du hast eine Reise nach Paris gebucht – und bist nun in Amsterdam gelandet. Das schockt dich erst mal, aber nach einer Weile wirst du sehen, wie schön Amsterdam ist.« – Diese Parabel wird oft erzählt, wenn die Diagnose Trisomie 21 gestellt wurde. Das ändert jedoch nichts am Stolz einer Mutter – der ist nämlich unabhängig von äußeren Umständen: Stolz wird tief im Herzen geboren.

Gründe, warum ich stolz bin

Ordne die Sätze so zu, wie sie für dich passen.

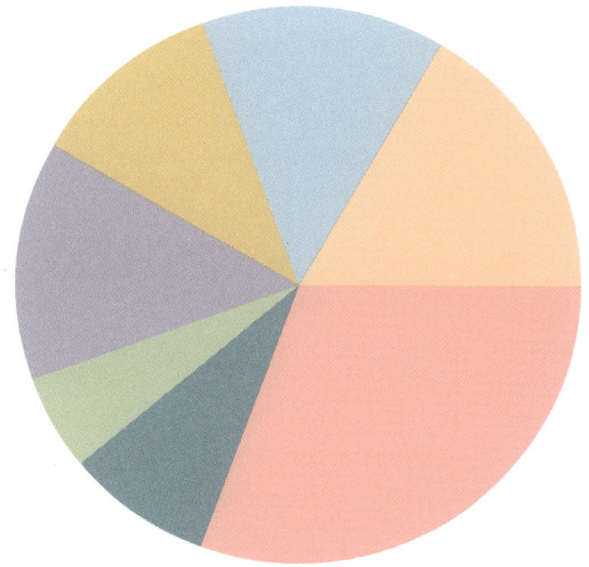

WEIL MEIN BABY
GELÄCHELT HAT

WEIL ICH MAL ABENDS
OHNE BABY DRAUSSEN WAR

WEIL MEIN KIND DAS
SÜSSESTE IM GANZEN BABY-
KURS IST

WEIL ICH MAL WIEDER
SEX HATTE

WEIL ICH PÜNKTLICH
ZU EINEM TREFFEN
ERSCHIENEN BIN

WEIL ICH ENDLICH MAL
WIEDER ALLEIN AUF DER
TOILETTE WAR

WEIL ICH MAL WIEDER EIN
RICHTIGES ESSEN GEKOCHT
HABE

Wie toll ist eigentlich unser Körper?

Was dein Körper in den letzten Monaten geleistet hat, verdient eigentlich einen medizinischen Nobelpreis. ER HAT EIN KIND GEBAUT. Und das ist noch lange nicht alles! Zeit, sich mal richtig nett zurückzulehnen und stolz auf seine Leistung zu sein.

STOLZ DARAUF ... dass wir trotz des tosenden Hormon-Tsunamis in unserem Körper weiter Mensch bleiben. Oder es zumindest versuchen.

STOLZ DARAUF ... dass unsere Brüste tatsächlich Milch in bester Zusammensetzung und je nach Bedarf des Babys produzieren – das klappt nämlich nicht bei allen!

STOLZ DARAUF ... unsere wunden Brustwarzen (»Himmel, als würde mir jemand ein brennendes Streichholz dranhalten«) mit nur einigen festen Bissen auf ein hartes Kantholz überstanden zu haben.

STOLZ DARAUF ... dass sich die Gebärmutter von ganz allein von der Größe eines Luftballons zur Größe einer Avocado zurückbildet, ohne dass wir das überhaupt merken.

STOLZ DARAUF ... trotz Kaiserschnittnarbe oder Geburtsverletzungen auf den Kinderwagen gestützt die ersten Spaziergänge zu wagen.

STOLZ DARAUF... unserem Heißhunger auf die Kekfe, die wir am liebften mampfen (krümel, krümel...) heut mal nicht nachgegeben zu haben, während wir uns sonst gerade all das gönnen, worauf wir Hunger haben, weil wir es uns halt auch einfach mal verdient haben!

STOLZ DARAUF... die hässlichen Thrombosestrümpfe nicht gleich aus dem Fenster zu werfen, sondern sie mit Würde zu tragen.

STOLZ DARAUF... bei jedem Mucks in der Nacht aufzuwachen, um unser Kind zu retten... auch wenn es nur eine Flatulenz des Partners war.

STOLZ DARAUF... diesen Schlafmangel zu überleben, ohne jemanden umzubringen ☺

STOLZ DARAUF... dieses komplette Baby durch diese winzige Öffnung ins Leben entlassen zu haben. Oder wie Christian Hanne es in „Hilfe, ich werde Papa" so schön formulierte: „... stellen Sie sich vor, wie Sie eine Honigmelone durch eine Körperöffnung mit dem Umfang einer Konservendose pressen."

STOLZ DARAUF... in diesem Bauch einen kleinen Menschen getragen und versorgt zu haben. Und wenn uns noch nicht gefällt, was wir da jetzt im Spiegel sehen, denken wir daran... Für eine Bikini-Figur braucht es nur zwei Dinge: einen Bikini und einen Körper. Voilá: Bikini-Figur!

VON LISA

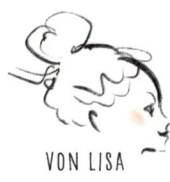

Ein Foto und seine Geschichte

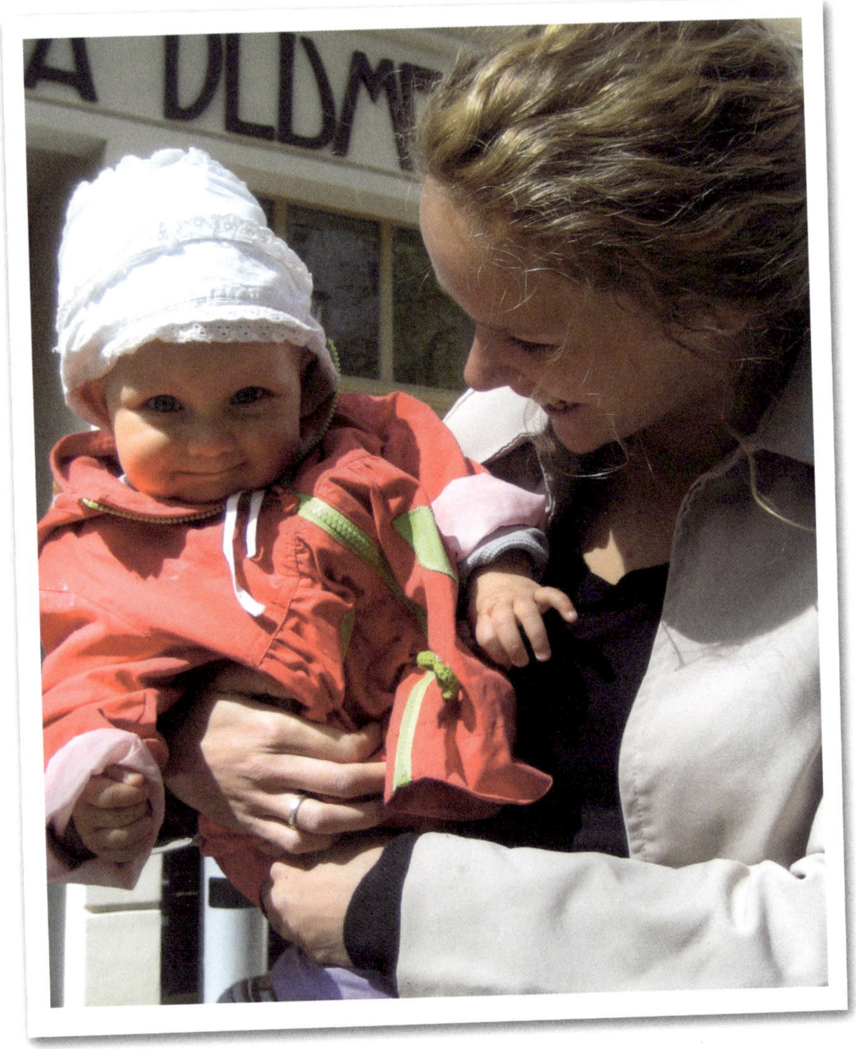

>> Wie ich sie anstrahle. Welches Selbstverständnis da ist zwischen ihr und mir, zwischen uns beiden, dieser Einheit, die da in den vergangenen gemeinsamen Monaten entstanden ist. Mein Baby, auf meinem Arm. Vor unserem Lieblingsfrühstücks-Café. Das Jäckchen bekleckert, den Schalk im Blick. Ein Moment, so perfekt. Genauso wie ich mir das damals immer ausgemalt hatte – als ich noch keine Mutter war.

Vielleicht war ich naiv, als ich dachte, es wäre immer so, und mit der Geburt käme einfach noch ein lächelndes, glückliches Wesen zur Familie hinzu. Die ersten Monate waren dann nicht nur Lachen, aber jetzt, in diesem Moment, auf diesem Foto, da ist es. Da ist meine Wunschvorstellung Wirklichkeit geworden.

Ich bin stolz auf die Öhrchen dieses kleinen Mädchens, stolz auf ihre gute Laune, stolz auf ihre Rückenmuskulatur, die sie schon selbst auf meinem Arm sitzen lässt. Stolz, dass wir die letzten Monate mit den Schreiphasen am Abend hinter uns gelassen haben. Stolz, wie wir die Zeit zusammen wuppen, uns immer mehr vertrauen.

Ich bin stolz auf all unsere gemeinsamen Momente. Sie sind so wertvoll, dass sie in eine Schatztruhe gehören. Mit Schleifchen drum, damit bloß keine Erinnerung verlorengeht. Denn dieser Schatz der Erinnerung ist das Wertvollste, was wir haben. Ich bin sicher, dieser Stolz auf unser Kind, der wird uns unser ganzes Leben lang begleiten – und uns tragen und beflügeln, egal, was da noch kommen mag … <<

Wow, bin ich wütend

VON LISA

Mütter dürfen auch mal alles hinschmeißen wollen

In unserem neuen Leben mit Kind sind wir plötzlich mit Gefühlen konfrontiert, die wir zwar kannten – vielleicht aber nicht in dieser Heftigkeit. Manchmal schlagen unsere Emotionen aus wie ein Seismograph, der mit einer emporsteigenden Linie anzeigt, wie stark das aufkommende Erdbeben wohl verlaufen wird. Und ja, wir erleben als Mütter nicht nur Momente des absoluten und reinen Glücks. Wir spüren auch Wut, ob wir es wollen oder nicht. Und es ist durchaus sinnvoll, die dann einfach mal rauszulassen ... Und wie!

»Vergesst es! Ich mach das nicht mehr, ich will nicht mehr, ihr könnt das Kind alleine kriegen, ich gehe jetzt.« Mit diesen Worten wollte meine Mutter damals mitten in den Wehen den Kreißsaal verlassen. Sie hatte genug, Schnauze voll, Schluss jetzt!

Diese Geschichte – ich weiß nicht, wie oft ich sie gehört habe – wird bei uns immer wieder gern auf Familienfesten erzählt. Und sie steht sinnbildlich für vieles, was uns im Leben mit Kindern erwartet. Denn ja, auch ich kenne diese Gedanken als Mutter. Nicht speziell unter der Geburt, aber später aus zahlreichen anderen Situationen im Leben mit Kind. Wisst ihr was? Ihr könnt mir doch hier alle mal den Buckel runterrutschen. Ich gehe jetzt. Tschüss.

Wenn wir stundenlang wirklich alles gegeben haben – und unser Kind trotzdem noch schreit zum Beispiel. Wenn wir mühevoll das Lieblingsessen gekocht haben, das plötzlich nicht mehr das Richtige ist – und kein Löffel gegessen wird. Wenn wir die ganze Wohnung gerade endlich mal wieder sauberhaben und der Mann mit seinen schlammvermatschten Schuhen durch die ganze Bude latscht. Wenn wir nachts ständig geweckt wurden und unsere eigene Mutter uns am nächsten Morgen als schlechtgelaunt und wenig belastbar bezeichnet.

Dann können wir auch mal wütend werden! Tosend, rasend, ein Tsunami in der Badewanne. Und das, obwohl wir rein rational natürlich wissen, dass das Baby nicht schreit, um uns zu ärgern. Aber Gefühle sind nicht rational, und wir sind auch als Mütter keine Roboter, und deswegen ist es doch nur verständlich, wenn wir alle mal an den Punkt kommen, an dem wir alles hinwerfen wollen.

Wäre mein Leben ein Comic, dann würden in meinem Kopf in diesem Moment lauter Spiralen, Totenköpfe, Windhosen und Blitze toben. Die Synapsen knallen durch. Es ist nicht schön, das zugeben zu müssen, aber ja, verdammt! Selbst über einen Menschen, der nur einen knappen halben Meter groß ist, können wir Wut entwickeln. Und was für eine!

Dazu die Wut auf das mobile Teeniemädchen, das uns den Aufzug wegschnappt, obwohl sie keinen Kinderwagen dabeihat. Die Wut auf den Typen, der sichtlich ohne Nachwuchs den Eltern-Kind-Parkplatz blockiert. Die Wut auf die Nachbarn, die so laut durch die Wohnung über uns trampeln, dass das Kind aufwacht. Auf die Kollegen, die einfach weiterarbeiten, als würde man gar nicht fehlen, auf die leere Zahnpastatube … Überall Wut und Blitze und Totenköpfe.

Wut auf die Ungerechtigkeit des Lebens, darauf, dass der Partner gemütlich zur Arbeit gehen darf und wir dieses Schrei-Chaos überleben müssen, Wut darauf, dass niemand anderes mal eine Nacht lang das Stillen übernehmen kann, dass die anderen ihren alten Körper noch haben, aber wir nicht. Wow, kann das Leben mies sein, unfair und gemein. Sagt mir eigentlich auch mal jemand danke für all das, was ich hier täglich – und ja, auch allnächtlich – leiste? Arghs!

Und nein, es gibt leider kein Geheimrezept gegen diese Wut, sie gehört dazu. Wir können nur sagen:

LASST ES RAUS.
KOTZT EUCH BEI EINER FREUNDIN AUS,
DIE EUCH VERSTEHEN KANN.
SCHREIT EINFACH MAL AUS DEM FENSTER.
ODER IN DEN WALD.
HAUT IN EIN KISSEN.
BEISST IN DIE TISCHKANTE.
VERLASST RUHIG AUCH KURZ MAL DEN RAUM.
WEINT MAL LAUT SCHLUCHZEND.
ATMET DURCH.
LASST EUCH DRÜCKEN.
FESTE.
IHR SEID NICHT ALLEIN!

Es geht nicht nur euch so, es ist ganz und vollkommen normal. Und wisst ihr was? Ihr braucht dabei nicht einmal ein schlechtes Gewissen zu haben oder euch als Rabenmutter zu fühlen oder gar an euch und euren Fähigkeiten zweifeln. Denn all diese Wut kommt von einem Ort, der sich Liebe nennt. Das mag jetzt kitschig klingen, hat aber tatsächlich einen wahren Kern. Diese Wutanfälle, die manchmal über uns hinwegziehen, resultieren aus der unbändigen Liebe, die wir für unsere

Kinder empfinden. Wenn wir so wütend werden wie nie zuvor, dann liegt es vor allem auch daran, dass wir lieben wie nie zuvor.

Stellen wir uns unsere Gefühlswelt einfach mal als Waage mit zwei Schalen vor, eine links und eine rechts, so ein ganz altes, unmodernes Gerät. Auf der einen Seite liegt die Liebe. Wow, ist die groß und schwer, nun brauchen wir ein Gegengewicht. Da ist die Wut und die Verzweiflung und die Müdigkeit und der Groll. Die Wut darf intensiv werden, wenn die Liebe auf der einen Seite so extrem ist. Das ist in Ordnung. Wir dürfen wütend sein. Wir dürfen unsere Wut eben nur nicht gegen andere richten. Unser Baby kann nichts dafür, dass wir grad ausflippen. Unser Partner – in den meisten Fällen ☺ – auch nicht.

Aber raus muss sie trotzdem, diese Wut. Ja, auch bei uns auf Harmonie bedachten Mamas. Runterschlucken bringt nichts außer einem Blähbauch der Emotionen, der irgendwann wie ein zu heiß gewordener Schnellkochtopf explodiert und dann mit all dem angestauten Frust möglicherweise Menschen trifft, die gar nicht wirklich etwas dafürkönnen. Jetzt lacht nicht, das kennen wir doch alle …

Wir müssen also Wege für uns finden, mit der Wut umzugehen. Dazu stehen, dass auch wir nicht immer nur lieb lächeln können. Unsere Gefühle ernst nehmen und drauf reagieren. Unseren Kindern gestehen wir später schließlich auch zu, dass sie wütend sind, wenn sie das Toastbrot lieber quer als senkrecht durchgeschnitten haben wollten oder sie nicht barfuß und nur in Windel bekleidet in den Schnee dürfen. Gut, wir sollten uns in unserer Wut vielleicht nicht gleich auf den Boden werfen, alle viere von uns gestreckt und schreiend warten, bis uns jemand auf den Arm

ACH, WENN DICH DAS BABY ANLÄCHELT, IST DOCH ALLES WIEDER VERGESSEN, HABEN SIE GESAGT. PAH! SCHÖN WÄR'S, WENN DAS IMMER KLAPPEN WÜRDE …

nimmt, wie das unsere Kleinen tun würden. Aber unsere Mitmenschen dürfen durchaus sehen, dass wir keine Maschinen sind. Dass auch wir Trost und Anerkennung und Hilfe brauchen. Dass unsere Leitungen mal durchbrennen.

Lasst die Wutblitze in eurem Kopf also ruhig mal tanzen. Macht euch Luft! Denn danach geht es besser. Niemand wird euch dafür die Mutterschaft kündigen, den Job habt ihr sicher. Aber gerade Mütter brauchen eben Auszeiten und Menschen, mit denen sie über ihren Frust sprechen können. Egal, ob Freundin, Partner, Hebamme, Kinderarzt oder Bäckersfrau. Und so gern wir uns in diesen Extremphasen unserer Laune auch einfach mal auf eine einsame Insel wünschen oder im Kreißsaal sagen, die sollen unsere Kinder doch bitte schön ohne uns bekommen … So schön ist am Ende doch auch die Gewissheit, dass wir das schon alles rocken werden. Auch ohne einsame Insel. Die Geburt, das Wochenbett, das erste Babyjahr. Verrückt! Verrückt in alle Richtungen. Und eben auch mit Ausflippen, um Dampf aus dem Kessel zu lassen. Auf jeden Fall aber immer: mit ganz viel Gefühl.

UND … EINS NOCH: FALLS DIR HEUT NOCH NIEMAND DANKE GESAGT HAT FÜR ALL DAS, WAS DU DA GERADE LEISTEST:

Danke.

Hier könnt ihr eure Wut aufschreiben und an die jeweilige
Person adressieren.

Weil du nachts einfach
weiterschläfst!

AN: EHEMANN

Mein liebes Kind,

oh, wie du da liegst. Ich sitze an deinem Bettchen und schaue dich an und ich spüre wieder, wie sich meine Gefühle in Wärme verwandeln, wie ich alles für dich geben würde. Dabei haben wir es grad so schwer miteinander. Ich genieße diesen Moment, weil er mir zeigt, dass alles in Ordnung ist. Mein Kind! Du riechst so gut. Du siehst so herzerweichend niedlich aus. Du bist ein Geschenk, daran werde ich mich beim nächsten Mal erinnern, wenn ich wieder der Verzweiflung nah bin.

Nie, wirklich nie im Leben hätte ich gedacht, dass mir so etwas mal passieren könnte. Wut auf mich. Wut auf mein Leben. Dabei bin ich gar kein wütender Mensch! Im Gegenteil: Ich brauche Harmonie. Aber an die ist gerade nicht zu denken, wenn du wach bist. Ich kann dir nichts recht machen, ich gebe mein Bestes, aber du schreist. Ja, ich bin dann auch wütend auf dich. Ich geh doch schließlich schon den ganzen Tag – und jede Nacht! – über meine Grenzen. Vielleicht weil ich dich so wahnsinnig liebe?

Ich möchte dich nicht leiden sehen, ich will doch einfach nur glücklich sein! Mit dir! Eine Phase, eine Phase, jaja, das sagen sie alle. Aber es ist eine anstrengende Phase grad, und ich komme da nicht so wirklich raus. Manchmal traue ich mich nicht, mich abends hinzulegen, aus Angst, dass du eh gleich wieder aufwachst und mich weckst. Ich stille, niemand kann mir das abnehmen. Ich existiere nur noch für dich.

Die Welt geht draußen weiter, hier drinnen gibt es nur uns, nur dich und mich, in unserem Mini-Kosmos aus Rumtragen, Schreien, Stillen, Schlafen, Wickeln, Schreien. Manchmal muss ich kurz das Zimmer verlassen, um durchzuatmen.

Und wenn du dann schläfst, wie jetzt, dann setze ich mich zu dir, lege meine Hand auf deinen Rücken, der bebt. Ein- und ausatmen, du erholst dich, ganz im Frieden mit dir selbst. Und ich atme mit und dann läuft auch mal ein Tränchen meine Wange hinunter. Wow, machst du mich fertig. Wow, bist du trotzdem perfekt.

In diesen Momenten weiß ich, dass wir unseren Weg schon finden werden. Ich glaube dann auch, dass es nur eine Phase ist und dass es bald wieder ist wie vor wenigen Wochen, als ich dachte, ich könnte Bäume ausreißen vor Glück. Die Zeit kommt wieder, das weiß ich, wenn ich in kurzen Momenten der Ruhe am Babybett sitze und dich anschaue, mein perfektes Kind. Aber ich bin halt auch nur ein Mensch, das darfst du ruhig wissen…

In Liebe, deine Mama

Um meinem Stress und meinen Ängsten entgegen-
zuwirken, habe ich nun angefangen, Mandalas auszu-
malen.

Und jetzt du.

WARUM WIR AUSGERECHNET NACHTS SO OFT GRÜBELN UND DÜSTERE GEDANKEN HABEN

EIGENTLICH wäre jetzt ein guter Zeitpunkt, den Schlaf-Akku aufzufüllen. EIGENTLICH bist du auch todmüde, aber in deinem Kopf fahren die Gedanken Achterbahn und lassen dich einfach nicht zu Ruhe kommen. Warum hat das Stillen nicht geklappt? Ob das Baby morgen den Impftermin gut übersteht? Und meint der Mann das eigentlich wirklich ernst, wenn er sagt, dass er mich sexy findet? Mein Bauch sieht schließlich aus, als wäre da noch ein Baby drin... Hach, wer kennt diese Gedanken nicht. Das Gemein-Fiese: Sie ploppen fast immer auf, wenn wir eigentlich schlafen sollten. Kaum ist der Himmel dunkel, verfärben sich auch die Gedanken. Warum ist das bloß so? Tja, schuld sind mal wieder diese Hormon-Biester. Der Körper läuft nachts auf Sparflamme, auch seine Temperatur liegt niedriger als üblich. Die Folge ist Müdigkeit, das Hormon Melatonin wird verstärkt ausgeschüttet. Wenn wir schlafen, sorgt das Hormon für Erholung. Sind wir in dieser Zeit allerdings wach, sinkt infolge erhöhter Melatoninkonzentration die Laune, was düstere Gedanken nach sich zieht. Schlafforscher empfehlen: Bevor man stundenlang nachts grübelt, lieber aufstehen und seine Gedanken aufschreiben. Das könnte Entlastung bringen – und uns schneller zum Einschlafen.

Eine Mutter
über ihre letzte Wutphase

»Ich bin grad nur noch wütend, ehrlich, dabei war ich so ausgeglichen, als ich noch kein Kind hatte. Ich bin wütend, weil mein kleiner Sohn grad wieder eine Phase hat, in der er nicht nur zweimal die Nacht kommt, sondern eben wieder vier oder 10.000.000 Mal. Ich bin aber auch wütend darauf, dass mir jedes Mal gesagt wird, dass das normal sei und dass ich da eben durchmuss als Mutter ...! Und ich bin wütend darüber, dass man sich immer so alleine fühlt, wenn man nachts im Bett hockt, nicht im eigenen, sondern im Bett des Sohnes. Und man möchte ihn anschreien, weil man irgendein Ventil für die Wut braucht. Weil ja NICHTS hilft, was sonst im Leben immer hilft ... vernünftiges Reden, Verhandlungen, Schreien ... Und dann bin ich wütend, weil ich wieder wütend bin, dabei wollte ich doch nicht mehr wütend sein, weil er ja nichts dafürkann ... oder doch? Mein Mann sagt, dass er weiß, dass ich aufspringe, wenn der Kleine schreit ... das stimmt übrigens, auch wenn in den Büchern steht, dass er das nicht weiß. ER WEISS ES. Und dann macht es mich wieder wütend, dass mein Mann keine Lösung hat, obwohl er doch sonst für alles eine Lösung hat!!! Ach, wisst ihr was? Vielleicht bin ich nur deswegen so wütend, weil ich so müde bin und Wut eben ein Urgefühl ist, gegen das ich recht wenig machen kann ... ich hab's ja versucht. Es funktioniert nicht. Und das macht mich doch auch schon wieder wüt... lassen wir das ☺.«

»Wir sollten aufhören, uns krampfhaft gegen unsere Wut zu wehren«

JEDE, wirklich JEDE von uns war schon mal wütend – klar, niemand gibt das gern zu, weil Wut immer noch ein Tabuthema ist. Mütter, die wütend sind, will die Gesellschaft am liebsten gar nicht sehen. Weil wir aber glauben, dass alle Gefühle erlaubt und wichtig sind, haben wir mit Dr. Jan-Uwe Rogge darüber gesprochen. Der Erziehungsberater und erfolgreiche Buchautor hat selbst einen Sohn und vier Enkelkinder – er kennt sich mit den Höhen und Tiefen im Leben von Eltern also nicht nur aus Berufsgründen aus ...

Lieber Herr Dr. Rogge, jede Mutter war schon mal verdammt wütend – und jede Mutter schämt sich danach dafür. Warum tun wir uns so schwer mit dieser Emotion?

Weil wir die Wut nicht einfach annehmen als das, was sie ist: Als ein wichtiger Bestandteil des Lebens. Sie gehört zum Menschsein dazu, jeder kennt Wut. Vielleicht hilft es, sich klarzumachen, dass die Wut ein Teilaspekt der Aggression ist – und Aggression vom lateinischen *aggredi* kommt, was so viel bedeutet wie »an jemanden herantreten« – das hört sich doch gleich viel weniger bedrohlich an.

Sie meinen also, man solle die Wut in sich einfach akzeptieren?

Ja, man kann dieses Gefühl nicht vermeiden, nicht verbannen – außer man hat die letzten 40 Jahre nonstop damit verbracht, auf der tibetanischen Hochebene zu meditieren. Aber dann hat man mit großer Wahrscheinlichkeit auch keine Kinder. Deshalb sollte man aufhören, krampfhaft gegen die Wut anzukämpfen, sondern sie einfach als eine Emotion von vielen annehmen.

Viele Mütter fühlen sich besonders schuldig, wenn sie auf ihr Baby wütend sind. Wir selbst standen schon nachts am Babybett und dachten uns: »Was soll ich denn bitte schön noch machen, damit du endlich, endlich schläfst?«

Das ist doch total nachvollziehbar, Schlafentzug zehrt an den Nerven. Und auch wenn man das eigene Baby in 95 Prozent der Zeit süß findet, kann es einen eben auch wütend machen. Dann bringt es nichts, sich selbst zu verurteilen oder unbedingt durchhalten zu wollen – beides spüren Kinder durch die veränderte Stimme oder einen wütenden Gesichtsausdruck sofort, und das Ganze schaukelt sich nur hoch. Deshalb: Akzeptieren Sie Ihre Grenzen und sagen Sie dem Partner, dass Sie jetzt eine Auszeit brauchen und er dran ist.

Das fällt vielen Müttern aber nicht leicht.

Das stimmt. Viele Frauen meinen, sie müssten alles selbst schaffen, weil sie sich sonst als Versagerin fühlen. Aber noch mal: Kein Mensch hat nur gute Phasen. Deshalb müssen Frauen lernen, noch mehr Verantwortung an die Männer abzugeben.

Oft sind Mütter auf den Partner wütend, weil er sich eben zu wenig einbringt ...

In den meisten Fällen hat die Frau ihrem Partner aber nie gesagt, wo er konkret mehr helfen soll. Nicht alle Väter erfassen von Anfang an die Situationen richtig und wissen, was sie wann tun sollen. Deshalb kann ich nur raten, dem Partner genaue Anweisungen zu geben. Ohne langes »Ich würde mir mal wieder wünschen« oder »Es wäre toll, wenn du auch endlich mal wieder« – sondern lieber klar sagen: »Du machst jetzt das.« So wächst der Vater sicher schneller in die neuen Aufgaben.

Klassischerweise denken Mütter sich aber: »Ach, ich mach das lieber schnell selbst«, bevor sie dem Partner erst alles erklären müssen.

Und all diese kleinen »Ach, ich mach das schnell selbst« summieren sich, Überforderung und Wut kommen hoch. Wie soll der Mann denn die Chance bekommen zu helfen, wenn man alles »schnell selbst macht«?

Sind regelmäßige Auszeiten vom Muttersein auch ein gutes Anti-Wut-Mittel?

Ich bin der festen Überzeugung, dass Mütter sich selbst nicht vergessen dürfen. Gehen Sie mit Freundinnen essen oder ins Fitnessstudio. Sie sind auch noch Frau – genießen Sie das. Selbst wenn das Baby noch gestillt wird, gibt es die Möglichkeit, mal für ein, zwei Stunden alleine rauszugehen. Mütter müssen viel mehr für sich einstehen, wenn es um ihre eigenen Bedürfnisse geht – das wirkt der Frustration entgegen.

Mich haben im Alltag mit Baby auch oft kleine Situationen wütend gemacht. Etwa, wenn ich mit Kinderwagen U-Bahn fahren wollte, der Fahrstuhl kaputt war und mir niemand geholfen hat, den Kinderwagen ans Gleis zu tragen.

Viele Menschen sind einfach so in Gedanken, dass sie übersehen, dass eine Mutter den Kinderwagen nicht alleine runtertragen kann. Auch hier gilt: Sagen Sie konkret, dass Sie Hilfe brauchen. Denn mal ehrlich: Eigentlich hilft doch jeder sofort und gerne, wenn er darum gebeten wird. Oder haben Sie schon mal erlebt, dass einer sagt: »Nö, den Kinderwagen können Sie schön alleine die Stufen runterschleppen?«

Auch wenn Sie sagen, dass es wichtig ist, die eigene Wut anzunehmen – gibt es vielleicht einen Gedanken, wie sie schneller wieder verraucht?

Aber natürlich. »Mein Kind ist ein Geschenk« – ich finde, das ist ein schöner Satz. Mit diesem Geschenk wurde vielleicht auch viel Neues und Anstrengendes mitgeliefert, aber trotz allem sind Kinder eine Bereicherung für unser Leben und die wunderbaren und liebevollen Gefühle für sie viel stärker als die Wut.

— ZAHLEN & FAKTEN —

VON RABENMÜTTERN

Den Begriff der Rabenmutter gibt es übrigens interessanterweise nur im deutschsprachigen Raum. In anderen Ländern braucht es diesen Negativ-Stempel für Mütter offenbar nicht. Um die Bezeichnung auch hierzulande wieder positiv zu besetzen, lohnt sich ein Blick auf die biologischen Fakten: Raben sind nämlich in Wahrheit richtig gute und fürsorgliche Eltern für ihre Küken. Gut zu wissen, oder?

VON LISA

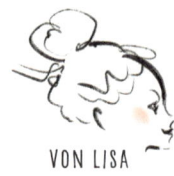

Ein Foto und seine Geschichte

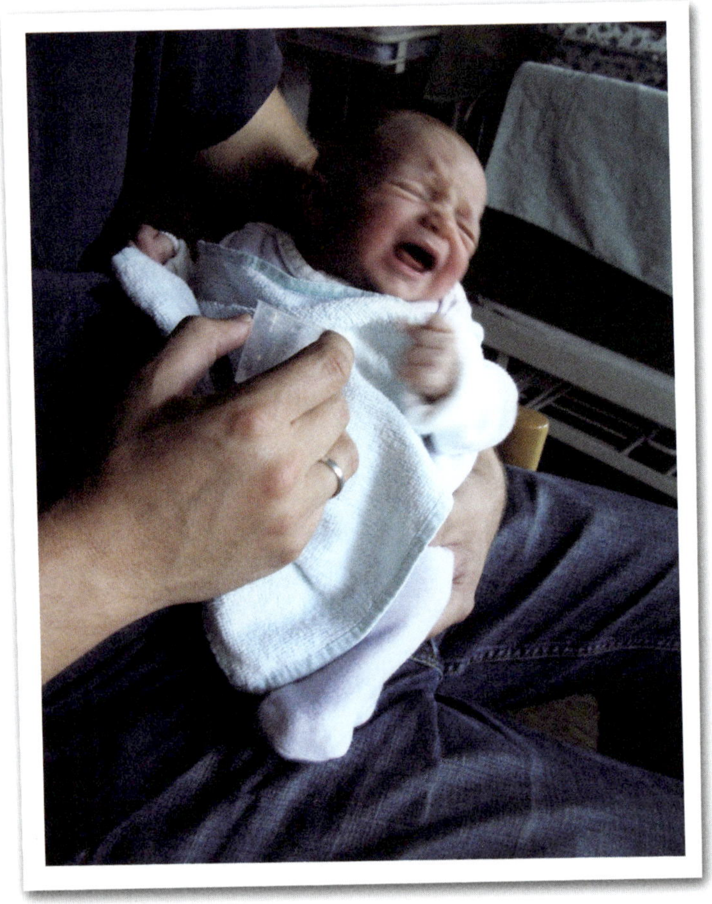

» Schaut euch dieses Kind an. Dieses schmerzverzerrte Gesicht aus Wut und Wahnsinn. Und wisst ihr was? In dem Moment, in dem dieses Bild aufgenommen wurde, ging es mir exakt genauso.

Es war der heiße WM-Juli 2006, in dem in Deutschland das »Sommermärchen« geschrieben wurde, unsere Tochter kam eine Woche nach dem Finale zur Welt. Leider nicht wie erhofft im Geburtshaus, sondern in einem Klinikum in der Nähe, in das ich nach zweistündigem Geburtsstillstand samt Presswehen eingeliefert worden war. Not-OP, Kaiserschnitt in Vollnarkose.

Es war heiß in der Zeit des Wochenbetts, die Schwestern sagten mir, das Kind brauche zusätzlich zur Muttermilch Wasser. Die Hebamme schüttelte später nur den Kopf darüber, aber in diesem Moment wusste ich es doch auch nicht besser...

Auf dem Foto seht ihr den kleinen Wasserbehälter in der Hand meines Mannes... und ihr seht die Reaktion unseres Babys. Es hatte keine Lust auf Wasser aus einem Plastikgläschen. Es wollte einfach nur an die Brust. Fünf Tage verbrachten wir in dieser Klinik, in der mir jeder etwas anderes übers Stillen erzählte. »Du musst Zufüttern mit Pre-Milch.«»Du darfst nicht im Liegen stillen.« »Du musst abpumpen.«

Am Ende wusste ich gar nichts mehr und war einfach nur noch überfordert und wütend – so reagierte dann leider auch mein Körper. Jedes Anlegen tat weh, es machte mich so fertig. Wie wichtig hier eine gute Stillberatung gewesen wäre. Ein Mutmachen statt Maßregeln ...

Stattdessen fanden wir unser Glück zu Hause. Endlich hatte ich meine Ruhe. Ohne dass mir jemand reinredete. Einfach so, wie es sich für uns beide am besten anfühlte ... **«**

Wow, bin ich motiviert

Dein Kind kann eine Chance sein – auch für den Job!

Will ich eigentlich zurück in den alten Job? Kann ich mir überhaupt vorstellen, mein Kind von jemand anderem betreuen zu lassen? Wann ist der richtige Zeitpunkt dafür? Oder will ich mich vielleicht einfach komplett neu erfinden mit all der Erfahrung, die ich nun mit meinem Kind gesammelt habe? Ein Kind birgt die Chance, das eigene Leben noch einmal ganz neu zu betrachten. Die letzten Monate waren intensiv, mitunter sehr kräftezehrend – aber auch unglaublich stärkend. Denn jetzt weißt du, dass dich so schnell nichts umschmeißt, und traust dich vielleicht auch, Schritte zu gehen, die du lange aufgeschoben hast.

Erinnerst du dich noch daran, in der Schwangerschaft mal gedacht zu haben, dass es jetzt auch mal reicht? Dass du jetzt gerne deinen Körper zurückhaben möchtest, dass du einfach nicht mehr kannst und nicht mehr willst? Oder erinnerst du dich vielleicht an die Stunden, in denen du Wehen hattest und aufgeben wolltest?

Und nun schau dich mal in deinem neuen Alltag um und guck dein Baby an. Du hast nicht aufgegeben, du hast die letzten Wochen und Monate durchgehalten, egal, wie schwer es manchmal war. Du hast ein neues Leben geboren – was für eine Leistung!

Vermutlich hast du in der letzten Zeit gemerkt, dass du viel mehr schaffen kannst, als du dachtest. Andere Dinge als früher, dafür aber nicht weniger wertvolle. Nur, weil du für einige Tätigkeiten nicht mehr bezahlt wirst, heißt das ja nicht, dass sie nicht unglaublich wichtig sind... Du hast Löwenmutter-Kräfte, hältst jeden Tag so viele Bälle in der Luft. Multitasking ist dein zweiter Vorname geworden. Du kannst so stolz auf dich sein.

Sicher hast du auch schon bemerkt, dass uns ein eigenes Kind auch zwingt, uns wichtige Fragen zu stellen. Über uns, über unsere Partnerschaft und über unseren Job. Das ist zunächst vielleicht anstrengend, kann aber auch unglaublich motivierend sein.

Ein Baby stellt unser Leben auf den Kopf – alles muss neu sortiert werden. Die Prioritäten ändern sich. Wir rutschen aus einem bis dato weitgehend selbstbestimmten Leben mit Krawumms in unser Leben als Mama hinein. Der Mutterschutz und die Elternzeit sind für viele von uns die erste längere Job-Pause überhaupt, und viele bekommen in dieser Phase noch einmal einen neuen Blick auf das, was sie in den letzten Jahren so getan haben.

Zum ersten Mal haben wir Zeit, ehrlich und in Ruhe über unsere beruflichen Perspektiven nachzudenken:

Will ich für diese Chefin noch arbeiten? Gefällt mir die Unternehmensphilosophie mit meinem jetzt gewonnenen Außenblick eigentlich noch? Soll ich in Teilzeit arbeiten? Falls ja, werde ich dann noch spannende Projekte bekommen? Lohnt sich der lange Arbeitsweg noch, passt das überhaupt mit den Kinderbetreuungszeiten? Macht mich meine Arbeit noch glücklich oder kassiere ich dort nur Schmerzensgeld? Will ich vielleicht sogar etwas ganz anderes machen mit den Erfahrungen, die ich jetzt in diesem neuen Leben gemacht habe?

Genau diese Fragen hatte auch ich mir gestellt, als ich an einem Dienstagmorgen vor mehr als fünf Jahren all meinen Mut zusammengenommen und meinen Job gekündigt habe. Viele hielten mich damals für verrückt. Denn eigentlich gab es keinen Grund, meine Festanstellung aus der Elternzeit heraus an den Nagel zu hängen. Ich hatte eine nette Chefin und tolle Kollegen, ich verdiente gutes Geld und war nach mehr als zehn Jahren im Betrieb praktisch unkündbar.

Und dennoch klopfte – zunächst recht leise und selten, dann immer lauter und öfter – mein Bauchgefühl an und sagte: Probier doch noch mal was aus. Da wartet bestimmt noch etwas. Verändere dich beruflich …

Heute bin ich mir sicher: Im Hamsterrad des Immer-weiter der Leistungsgesellschaft hätte ich diese Stimme in mir vermutlich überhört. Die Geburt meines Kindes aber brachte mich zum Nachdenken und ganz nah an mich selbst heran. Was will ich eigentlich? Was könnte mich noch glücklicher machen? Was kann ich mir für mich und mein Leben denn sonst noch vorstellen?

Auch für mich war klar, dass ich nach dem ersten Geburtstag meines Kindes wieder arbeiten gehen will. Ich spürte eine Motivation, die ich lange vermisst hatte. Nämlich die, meinen Job meinem Leben anzupassen – und nicht wie bislang umgekehrt. Wie wunderbar war das denn! Ich machte den Schritt in die Selbständigkeit. Ein Wagnis. Aber eines, das ich bis heute nie bereut habe. Natürlich kann und will nicht jede Mutter selbständig arbeiten, aber der Wiedereinstieg ist die perfekte Möglichkeit, die Ansprüche an den eigenen Job neu zu definieren.

Die Mutterschaft bringt uns viele neue Kompetenzen. Natürlich bedeutet der Wiedereinstieg in den Beruf auch jede Menge Organisation. Wer arbeitet wann wie lange? Wer bringt und holt das Kind aus der Betreuung? Wer ist wann für was zuständig? Wie können wir uns gerecht aufteilen? Es mag ein Sprung ins kalte Wasser sein, aber ich kann nur sagen: Trau dich. Du hast schon so viel geschafft bis hierher. Dann schaffst du das auch!

Mutterschaft kann ein ungeheurer Motivations-Booster sein. Es gibt Mütter, die plötzlich wieder ein altes Hobby aufgreifen oder ein ganz neues dazugewinnen. Solche, die sich mit anderen selbständig machen und sich ganz neuen Herausforderungen stellen. Andere, die gerade jetzt richtig aufsteigen, weil ihr Mann beim Kind bleibt und sie nun endlich wissen, wofür sie das alles tun.

Es mag sich komisch anfühlen, dich durch das Baby plötzlich in eine Abhängigkeit zu begeben. In den meisten Familien bleibt nun einmal immer noch die Frau die erste Zeit zu Hause beim Kind. Damit das kein Nachteil für dich wird, regle mit deinem Mann, wie ein Ausgleich dafür geschaffen werden kann, dass du grad für das gemeinsame Kind beruflich und finanziell zurücksteckst.

Kinder als Chance!

SO KANN DER WIEDEREINSTIEG IN DEN JOB GELINGEN

Irgendwann haben die meisten von uns die Schnauze voll von Wäschebergen und Pastinakenbrei, wollen wieder gesehen und nicht nur gebraucht werden. Wir wollen wieder mitspielen im großen Ich-bin-auch-wichtig-Poker aller Berufstätigen. Nur, wie soll das gehen, wenn der Mann vielleicht voll berufstätig ist und die Bindehaut der Kinder auf unsere Karrierewünsche keine Rücksicht nimmt?

Die Journalistin Katrin Wilkens machte aus der Not eine Tugend und gründete zusammen mit einer Kollegin eine Firma, die junge Mütter nach der Babypause berät. Mütter, die wieder arbeiten wollen, aber nicht in ihren alten Job zurückkönnen...

Weil der Chef keine Halbtagsmuttis mag, weil die Geschäftsreisen mit Kita-Öffnungszeiten schwer kompatibel sind, weil sich mit Kind der Horizont erweitert und irgendwie auch verändert hat, weil der Job irgendwie nicht mehr passt. Oder weil man feststellt, dass man eigentlich schon immer etwas ganz anderes machen wollte. Kinder können da eine große Chance sein!

Und es muss ja nicht immer die ganz große Veränderung sein! Manchmal helfen schon kleine Stellschrauben, die neu justiert werden, um wieder etwas zu haben, das uns finanziell, intellektuell und sozial nährt. Wenn wir ein paar Dinge bei der Frage nach dem Wiedereinstieg beachten, kann das sogar leichter sein als gedacht.

LASS DIR ZEIT.

Wie lange brauchst du, bis du dich entschieden hast, ein Haus, ein Auto, eine Wohnzimmergarnitur zu kaufen? In Stunden gerechnet, inklusive aller Vorüberlegungen, passiver Wartezeit, Diskussionszeit mit dem Partner? Eben! Große Veränderungen brauchen Vorlauf, und so soll es auch bei einem beruflichen Wiedereinstieg sein.

SORTIERE DEINE WÜNSCHE.

Es ist wichtig, dass du alle Wünsche erst einmal notierst. Genauso wichtig ist es, sie zu sortieren. 15 Wochenstunden, festangestellt, 5000 Euro? Die Wünsche erst mal nach Wichtigkeit sortieren.

SEI EHRLICH ZU DIR SELBST

Es sagt sich schnell: »Ich möchte kreativ arbeiten.« Aber meinst du das auch wirklich? Denn für Kreativität gibt es nicht die Kategorie »richtig – falsch«, sondern nur »gefällt – gefällt nicht«. Überprüfe jeden formulierten Wunsch nach Präzision.

DEIN HOBBY ALS JOB?

Nicht jedes Hobby lässt sich gewinnbringend in einen Beruf verwandeln: Wie viel Realität, wie viel Traumtänzerei kannst, musst oder darfst du dir also leisten? Ein Hobby, das nicht zu einem Job wird, kann einen wunderbaren Ausgleich bieten. Nicht zu unterschätzen!

REICHT EINE MINI-VERÄNDERUNG?

Musst du das Rad neu erfinden, wenn du etwas verändern willst? Nein! Vielleicht reicht es schon, die Größe des Unternehmens zu variieren? Manchmal können schon kleinste Dinge Großes bewirken.

SELBSTÄNDIG = SELBST + STÄNDIG.

Willst du dich selbständig machen, denk alle Aspekte mit, dazu gehören auch: Vertrieb, Akquise, Marketing. Kannst du dir vorstellen, Werbung für dich oder dein Produkt zu machen? Oder brauchst du dazu einen Mitstreiter, der dich darin unterstützt?

SUCH DIR ANDERSDENKER.

Viele möchten gern Leute im Team haben, die genauso denken wie sie. Falsch! Such dir Leute, die anders denken, die Nischen besetzen, die du nicht beherrschst, die dich aufregen und weiterbringen. Denn viele Farben ergeben ein Kleid. Du brauchst keinen Doppelgänger, sondern einen Ergänzer.

MÜTTER NEIGEN ZUM ÜBERMOTIVIERTSEIN.

Einfach mal nichts tun? Niemals, was könnte ich in der Zeit alles schaffen. Aber spätestens wenn der Punkt »Entspannung« auf deiner To-Do-Liste auftaucht, sollten deine Alarmglocken schrillen. Denn Entspannung darf nicht zur Aufgabe werden, die auch noch abgearbeitet werden muss. Schieb kleine Pausen in den Alltag, auch wenn dir gerade noch tausend Dinge einfallen, die gemacht werden müssten. Gerade dann! Erlaub dir das! Körper und Seele werden es dir danken! Notier hier mal, wie viele Minuten du heute mal NICHTS getan hast:

 MINUTEN.

Mütter sind die besseren Mitarbeiterinnen?

Zumindest entwickeln sie wahnsinnig wertvolle Skills, die sie auch auf der Arbeit ganz wundervoll einsetzen können ...

- Wir arbeiten auf den Punkt, weil wir wissen, dass unser Kind jederzeit aus dem Mittagsschlaf hochschrecken könnte und wir bis dahin so viel wie möglich geschafft haben wollen.

- Wir sind in der Lage, uns auch unter großem Zeitdruck zu konzentrieren – egal, ob beim Wickeln oder beim Telefonat mit der Chefin.

- Wir sind flexibel, weil wir auch zu Hause nie wissen, was der nächste Tag – ach was! – die nächste Stunde bringt.

- Im Überstundenmachen sind wir Weltmeister.

- Wir wissen: Wenn etwas gemacht werden muss, muss es gemacht werden – auch wenn grad weder Lust noch Kraft übrig sind.

- Im Verhandeln sind wir geschult wie niemand anders, denn beim Anziehen der Söckchen führen wir, wenn das Kind etwas größer ist, Gespräche, als ginge es um Krieg und Frieden.

- In Sachen Geduld schlägt uns keiner, denn nicht nur akzeptieren wir, für einen Weg von zehn Metern 30 Minuten zu brauchen, wenn das Kind grad laufen gelernt

hat, nein, auch sonst wird Warten eine unserer Königs-
disziplinen.

- Konflikten gehen wir nicht aus dem Weg, vielmehr
  schaffen wir es, eine faire Atmosphäre herzustellen, so
  dass im Sinne aller eine Lösung gefunden wird.

- Im Multitasking sind wir unschlagbar, denn im Kochen
  bei gleichzeitigem Schuckeln und Telefonieren sind wir
  Meister.

- Organisationstalent bringen wir aus unserem Alltag mit,
  denn wer sonst könnte das Verschieben des nächsten
  Arzttermins, das abendliche Baden und die Geschenkbe-
  sorgung für die Oma gleichzeitig koordinieren?

UND JETZT NOCH DEINE NEUEN SUPERSKILLS:

Mütter sind unbezahlbar

Es ist schon ein bisschen seltsam – jahrelang war »Und, was machst du beruflich?« die Small-talk-Frage Nummer Eins – aber seit wir Mütter sind, scheint das niemanden mehr zu interessieren. Auch nicht, dass Muttersein eigentlich ein Fulltime-Job ist, für den wir nicht einmal bezahlt werden… Juristin und Autorin Nina Strassner hat sich für uns die Wut darüber von der Seele geschrieben.

Ich habe auf dem Spielplatz nach Jahren eine Frau wiedergetroffen, mit der ich drei Jahre lang einmal pro Woche in irgendeinem Kinderkrabbelkurs rumhing, während unsere Windelkinder mit Holzstäben auf Bänke droschen und wir das für »musikalische Früherziehung« hielten. Als ich versuchte, mich genauer zu erinnern, fiel mir auf, dass ich weiß, wann ihre Kinder gezahnt haben, welche Globuli sie gegen Bauchweh verabreicht, in welcher Brust-Reihenfolge sie abgestillt hat und wann ihr Mann aus der Bank am Mittwochnachmittag nach Hause kommt. Dann mäht er Rasen. Was sie beruflich macht, welche Ausbildung sie hat, was sie mal gelernt hat? Keine Ahnung. Ich hab sie nie gefragt. Und sie mich auch nicht.

Ich schämte mich sehr für mich selbst, setzte mich neben sie, und wir tauschten erst mal ein paar Kekse gegen Möhrensticks. Ohne noch weiter Zeit zu verlieren, fragte ich: »Sag mal, was machst du eigentlich beruflich?«. Sie antwortete: »Ich arbeite seit den Kindern nicht mehr. Aber ich war mal Unternehmensberaterin bei McKinsey in San Francisco. Da habe ich meinen Mann kennengelernt. Und du?« Ich war leider kurz zu sprachlos, um die Grundlagen der Gesprächsführung einzuhalten.

Da sitzt tatsächlich eine Frau neben mir, die jahrelang diversen Unternehmen in zwei Sprachen erklärt hat, wie sie wirtschaftlich aufgestellt sind, was deren Tätigkeiten wert sind und wie sie sich am besten am Markt verkaufen müssen, knabbert ruhig an einem Stück Wurzelgemüse und sagt, sie würde »nicht mehr arbeiten«.

Ich fand meine Sprache wieder: »Ich bin Anwältin« antwortete ich. »Ich arbeite aber seit den Kindern in zwei Jobs.« Sie hörte auf zu kauen und murmelte betroffen: »Es ist echt krass, wie teuer Kinder sind, oder? Da muss man also sogar in deinem Beruf noch was dazuverdienen. Was machst du denn nebenher?«

»Ich mache die persönliche Assistenz von zwei hilfsbedürftigen, leicht durchgedrehten Personen mit täglichen Nachtschichten und auch am Wochenende. Das heißt, ich regle ihren gesamten Alltag, vom Kleidungskauf über Nahrungsbeschaffung und -zubereitung und erledige den kompletten Papierkram für sie. Ich fahre sie zu Terminen, unterstütze sie bei diversen körperlichen und geistigen Fördermaßnahmen und in ihrem Seelenheil, kümmere mich um ihre sozialen Kontakte und manage die Events, die über das Jahr so anfallen. Hin und wieder kommen Arztbesuche vor, und natürlich muss ich auch ihren Lebensraum sauberhalten, pflegen und ansprechend gestalten. Das mache ich aber komplett unbezahlt.«

Ich schaute ihr tief in die Augen und spitzte die Ohren. Na? Wann würde der Groschen fallen? Und – kling– da plumpste er auch schon.

Ich mache meinen Beruf als Juristin nun seit über einem Jahrzehnt. In 99 Prozent aller Fälle liegen mir Eheverträge vor, die der wirtschaftlich stärkere der beiden Elternteile gemacht hat, um sein Unternehmen, seine Praxis, seine Kanzlei im Falle einer Scheidung vor dem Konkurs zu retten. Den »Konkurs«, den derjenige Elternteil hinlegt, wenn er seinen Beruf zugunsten der Kinderbetreuung aufgibt, hat keiner auf dem Schirm, und wir leben in einer Gesellschaft, die das vollkommen normal findet.

Die gesetzlichen Regelungen der Versorgung sind nach der Familienrechtsreform 2008 fast vollständig abgeschafft worden, ohne gleichzeitig dafür zu sorgen, dass man trotz Kindern im Vorfeld auch dementsprechend vorsorgen kann. Stirbt ein Elternteil oder trennt man sich, sitzt man insolvent im Kinderzimmer und kann diese Lücke nie wieder aufholen. Absurderweise wird auch bei der Rente, die von den heute geborenen Kindern eines Tages bezahlt werden soll, nicht die Arbeit belohnt, die wir in die Kinder stecken.

Vielmehr kommen die Rentenansprüche fast ausschließlich von der Arbeit, die wir außerhalb der Familie verrichten. Pro Kind gibt es drei Rentenpunkte, das sind derzeit bummelige 100 Euro im Monat. Bei zwei Kindern kann man dafür also dreimal im Monat volltanken, ein Käsebrötchen kaufen und im Auto wohnen. Miete ist bei den Beträgen nämlich nicht drin.

Eine Unternehmensberaterin müsste also angesichts des geltenden Sozialsystems dazu raten, in unserem Leben möglichst wenig Kinder bei möglichst viel Berufsausübung zu bekommen. Der berufstätige Elternteil steht natürlich viel besser da, und gemeinsam wird das vielleicht sogar ganz o. k. laufen, wenn wir selbst wieder Windeln brauchen. Aber was ist, wenn man eben nicht gemeinsam alt wird und gleichzeitig auf einem Schaukelstuhl das Zeitliche segnet oder sich vorher trennt? Dazu kommt noch, dass bei unverheirateten Eltern keine Witwenrente gezahlt wird und bei einer Trennung auch keinerlei Ausgleich fließen muss. Da beißt die Maus keinen Faden ab.

Selbst wenn wir nur den geltenden Mindestlohn von 9,35 Euro pro Stunde, ohne Feiertags-, Wochenend- und Nachtzulagen ansetzen und von einem 14-stündigen Arbeitstag einer die Kinder und den Haushalt betreuenden Person, kommen wir auf ein Jahresgehalt von 47.647 Euro brutto. Diese Arbeit muss aber auch eine Alleinerziehende neben ihrem Beruf erledigen, dann eben in weniger Stunden, und in ganz vielen Familien ist es überwiegend immer noch die Mutter, die neben einer zusätzlichen Berufstätigkeit all diese Aufgaben »on top« erledigt.

Meine Spielplatzfreundin und ich schwiegen uns entsetzt und wütend an, tranken Kaffee aus einer umweltfreundlichen Thermoskanne und schworen im Geiste einen heiligen Eid: Sollte noch einmal irgendjemand sagen: »Ach, du arbeitest nicht?«, werden wir in einen Streik treten, einfach morgens nicht aufstehen und die gesamte »Nicht-Arbeit« der Kinderaufzucht einstellen. Und während wir ein Möhrchen knabbern, werden wir beobachten, wie binnen eines einzigen Tages eine gesamte Volkswirtschaft kollabiert. Etwas weniger dramatisch könnten wir aber auch mit Gesprächen am Küchentisch beginnen und endlich mal über Geld reden.

VON KATHARINA

Ein Foto
und seine Geschichte

Wenn ich dieses Foto anschaue, denke ich mir: 1. Himmel, war ich mal jung. 2. Wow, da hatte ich ja richtig Oberweite und 3. am nächsten Morgen hatte ich einen ganz schönen Kater. Aber gut – der Reihe nach.

Dieses Bild machte mein Mann in unserem ersten Urlaub mit Baby. Es war kurz nach meinem 30. Geburtstag, ich hatte an dem Tag abgestillt und trank nach 16 Monaten Alkoholabstinenz mein erstes Glas Wein. Mit dem Abstillen legte sich ein Schalter in meinem Gehirn um. Ich spürte, dass nun die Zeit, in der ich 24/7 für mein Baby da sein musste, vorbei war. Neben ein bisschen Wehmut, dass das Baby jetzt schon so groß war, tauchte ich aus dem Stilldemenz-Nebel auf und fragte mich das erste Mal: Wie geht es eigentlich nach der Elternzeit weiter? Wohin will ich beruflich? Was hat sich durch das Baby verändert?

Diese und gefühlt hunderttausend Fragen diskutierten mein Mann und ich an diesem Abend, mit einigen Gläsern Wein und Blick aufs Meer. Ich spürte eine ganz neue Kraft in mir, freute mich auch auf die Freiheiten, die Fläschchen und Beikost mir nun gaben.

Ich verrate euch was: Nicht alle Pläne, die ich an diesem Abend auf der Terrasse geschmiedet habe, konnte ich umsetzen. Bei manchen wurde ich von anderen ausgebremst, manche habe ich selbst wieder verworfen. Das war mitunter ganz schön ernüchternd (genau wie die Tatsache, dass ich nach diesem Abend einen Megakater hatte, weil drei Gläser Wein nach so langer Zeit doch zu viel sind) – aber auch diese Erfahrung hat mich weitergebracht, denn ich setzte mich endlich wieder mit mir selbst auseinander.

Ich glaube, wir sind die Summe aller Dinge, die wir jeden Tag erleben. Dazu gehören auch mal Selbstzweifel und Niederlagen. Aber dann stehen wir wieder auf, rücken die Sonnenbrille gerade und blicken voller Hoffnung auf den Horizont, auf das, was das Leben uns noch bringt.

Wow, bin ich emotional

VON KATHARINA UND LISA

Überfordert, übermüdet, überglücklich

Manchmal überkommt es uns, wir liegen auf dem Sofa, scrollen durch die Fotos auf dem Handy und können nicht glauben, was in den letzten Wochen und Monaten alles passiert ist. Wir sehen, wie sich die Jahreszeiten abwechselten und ... wo ist nur unser Mini-Baby hin? Die Gefühle purzeln wild durcheinander, wenn wir an dieses erste Jahr mit unserem Kind zurückdenken ...

Könnte mal bitte jemand die Zeit anhalten? Das ist doch gar nicht möglich, dass wir nun schon steil auf den ersten Geburtstag unseres Kindes zugehen. Wie heißt der Spruch so schön? Es geht im Leben nicht um die Anzahl der Tage, sondern um die Fülle jedes einzelnen.

Durch Kinder werden Tage erfüllt und gefüllt. Werden Stunden intensiver. Wird alles lebendiger. Im ersten Jahr mit Kind spielen wir die gesamte Klaviatur der Emotionen und erreichen damit Ecken, die wir bislang gar nicht kannten. So viel Neues! So viel Anstrengendes! So viel Schönes! Wir haben sie durchlebt, die ganz großen Üs: wir waren überfordert, übermüdet, überglücklich ...

Wir kennen jeden knarzenden Balken im Flur, weil wir so oft aus dem Zimmer geschlichen sind, wenn das Baby schlief ...

Wir haben mit dem Partner diskutiert, wie Gerechtigkeit wohl aussehen könnte, wer sich ums Kind kümmern und wer außerhalb der eigenen vier Wände arbeiten wird. Die Rollen wurden neu besetzt. Dabei haben wir uns in den Armen gelegen, nicht nur vor Erschöpfung, sondern auch vor Rührung und Stolz.

Wie ein Film läuft dieses erste Jahr in unserem Kopf ab. Wie wir uns fragten, was für ein Mensch da wohl zu uns kommt und wie wir uns als Eltern wohl machen würden. Welche Überraschungen es bei der Geburt gab und wie klebrig sich unser Gehirn im Wochenbett anfühlte, weil die Hormonflut keine klaren Gedanken zuließ. Wie wir dieses kleine Wesen beschützen wollten und dafür Löwenkräfte entwickelten.

Wie wir nach der Geburt noch dachten: NIE wieder tu ich mir das an; wie wir später glaubten, das Schreien des Babys sei das beste Verhütungsmittel, und uns jetzt bei dem Gedanken ertappen, ob es nicht doch vielleicht noch mal schön wäre…

Und wie wir gelacht haben, als unser Baby zum ersten Mal an einem Eis oder an einer Zitrone gelutscht hat. Dieses Gesicht! Wie wir es nackt mit Möhrenbrei oder Kartoffelpüree in die Wanne setzten, damit es mal richtig matschen kann – und wie süß die Fotos davon wurden …

Wie wir immer wieder vom Weg abkamen und dachten: Och, ist ja auch hier ganz schön. Wir haben neue Pfade betreten, mussten immer wieder über unseren Schatten springen und über uns hinauswachsen.

Oh, und wie wir heute noch kichern, wenn wir uns daran erinnern, wie die Freundin nach der Geburt in unserem Eisfach die bunten Kondome mit gefrorenem Wasser fand … dabei wollten wir damit doch nur die Dammnaht kühlen. Wie wir uns geeisten Kohl auf die entzündete Brust legten und leider Rotkohl wählten, der beim Schmelzen auf dem Körper aussah, als habe grad ein blutiges Massaker stattgefunden (Nein! Davon gibt es keine Fotos!).

Wie wir ins Nachdenken kamen über uns und über unsere eigenen Eltern. Ja, einiges sehen wir nun mit anderen Augen. Vieles wird uns erst jetzt bewusst. Auch, dass Verbote manchmal sinnvoll sein können ... und unsere Schutzschicht ist nun viel dünner geworden. Wie wir in Tränen ausbrechen könnten, wenn wir Berichte über Kinder in Krisensituationen sehen, wie verletzlich wir geworden sind.

Wie wir staunend vor all der Esoterik und Homöopathie standen, wie eine Parallelwelt, die erst mit der Schwangerschaft Einzug in unser Leben fand. *Möchtet ihr die Plazenta mitnehmen und Globuli draus machen?*

Und wie wir die ersten Schreckmomente erlebten, die ersten Krankheiten überstanden. Wie dankbar wir für die Hilfe anderer waren, als wir uns endlich trauten, welche anzunehmen. *Es braucht ein ganzes Dorf, um ein Kind großzuziehen,* heißt es doch immer. Nachdem unsere Freundin, Nachbarin oder Hebamme zur Emotionstankstelle für uns wurde, wissen wir nun wahrhaftig, was mit diesem Spruch gemeint war.

Ach, und wie später alle mitreden wollten und wir lernten, schlagfertig auf dumme Sprüche zu reagieren. *Nein, es schläft zum Glück noch nicht durch, sonst würden nämlich meine Brüste platzen. Und nein, das ist kein Junge, OBWOHL das Baby Blau trägt, wir erziehen unser Kind zweifarbig.*

Wie wir vor einiger Zeit noch die Nase rümpften, wenn Mütter erzählten, ihr Kind nerve sie auch mal – und wir heute wissen, was sie meinten, weil wir jetzt selbst so einen Schatten neben uns sitzen haben, der sogar mit auf die Toilette will, wenn wir mal müssen ...

Hui, und was haben wir gestritten und diskutiert, wer es grad schwerer hat. Um dann wieder zu denken, was derjenige ja auch verpasst, der nicht beim Kind ist ... Was wollten wir cool sein, aber auch gleichzeitig warmherzig. Cool und warm, nur Mütter wissen mit dieser Widersprüchlichkeit zu leben ...

Wie wir uns abgearbeitet haben am Baby und am Mamasein. Kein Zucker im ersten Jahr, Kindermassage, Babyschwimmen, PEKiP, musikalische Früherziehung ... Es tut gut zu sehen, dass unser Baby das eigentlich alles gar nicht braucht. Dass unser Lachen, unsere Wärme, unsere Ermutigung und Liebe vollkommen reichen.

Wie wir uns heute grinsend zurückerinnern, wie wir die ersten Male ohne Baby komplett in Hektik verfielen. Oha, ich hab frei! O je, ich vermisse mein Baby. Wie wir dann die letzten Meter bis nach Hause gerannt sind, weil die Sehnsucht plötzlich so stark wurde.

Und wie wir Freunden von durchwachten Nächten, Schreiphasen und Bauch- und Zahnungsschmerzen erzählten und dabei so grenzdebil grinsten, dass sie dachten, wir hätten den Verstand verloren. Es gehört wohl zum Geheimnis der Elternschaft, so glücklich über etwas zu sein, das auch so anstrengend sein kann ...

Was haben wir uns erschreckt, weil wir plötzlich nicht mehr niesen, geschweige denn aufs Trampolin gehen konnten, weil ... der Beckenboden nicht mehr so will wie wir. Überhaupt diese ganzen Ekelthemen, mit denen wir uns plötzlich konfrontiert sahen: Hämorrhoiden, Inkontinenz, vaginales Gänseblümchenpflücken im Rückbildungskurs. Von Dehnungsstreifen, dem Abschied von unserer Lieblingsjeans und sonstigen ungebetenen Begleiterscheinungen mal abgesehen.

Was haben wir gekämpft mit uns, weil wir vielleicht doch einen Kaiserschnitt hatten oder nicht stillen konnten. Dieser Druck, der da entsteht, diese Selbstzermarterung, weil wir doch einfach nur das Beste für uns und unser Kind wollen. Das Beste! Es hat gedauert, bis wir wirklich verstanden, was das ist. Das nämlich, was sich gut für uns anfühlt. Genau das, was uns als Familie glücklich macht.

THROW KINDNESS AROUND LIKE CONFETTI

Wie wir uns ärgerten, dass wir unsere alte Figur noch nicht wiederhaben und vor lauter Frust darüber erstmal eine Tüte Chips verputzten. Bei Trash-TV, weil unser müdes Hirn am Abend mehr noch gar nicht verarbeiten konnte.

Wie wir die PIN unserer EC-Karte vergaßen, obwohl es doch seit Jahren die gleiche ist – und wir zum ersten Mal das Wort »Stilldemenz« zu hören bekamen. Oh, und wie wir uns wie Teenies fühlten, als wir endlich mal wieder Sex hatten. Oder über die Stränge schlugen, heimlich geraucht oder auf der Abstillparty Cocktails getrunken haben, obwohl wir nichts mehr vertragen.

Wie wir uns fürchteten, das Baby könne zu schnell groß werden und uns gleichzeitig wünschten, es könnte uns doch nur endlich sagen, was ihm weh tut, statt einfach nur stundenlang zu schreien. Wie wir manchmal gedanklich die Koffer packten und uns auf eine einsame Insel träumten. Obwohl wir doch wissen, dass wir für dieses Kind durchs Feuer gehen würden und uns ein Leben ohne es gar nicht mehr vorstellen können.

Wie großherzig und kompromissbereit wir geworden sind. Wie flexibel im Kopf, weil ja doch immer alles anders lief als geplant. Wie wie wir uns wunderten, wie ein so kleiner Mensch so viel Wäsche verursachen kann. Und wie wir gleichzeitig die Kollegen oder vielleicht sogar auch mal unser altes Leben vermissten. Wie wir uns fremdbestimmt fühlten und abgekapselt von der Welt. Wie frustrierend das war, wenn wir alles falschzumachen schienen und einfach nichts half. Und wie uns die nächste Phase dann wieder versöhnte.

Wie sehr wir uns plötzlich zurechtfanden in diesem Leben und nach und nach verinnerlichten, dass wir in einer Welt, in der wir alles sein können, vor allem Zusammenhalt und Wertschätzung brauchen.

Ist das nicht alles ein Wahnsinn? Diese große Liebe, diese einschneidenden Veränderungen, dieses wachsende Selbstbewusstsein? Ein Annähern, ein Loslassen. Das Leben mit Kind ist eine Wundertüte. Wie schön, mit diesem wohlwollenden Lächeln auf diese erste Zeit zurückzublicken.

Natürlich lief nicht immer alles nach Plan, aber wer verlangt schon, dass es das tut? Wir jonglieren so viele Bälle in der Luft, wir haben so viel dazugelernt, wir haben so viel gewonnen!

Ja, WOW, MOM, das gehört jetzt alles dazu, das ist jetzt unser Leben.

Es ist größer geworden, inniger. Es fordert und erfüllt uns wie nichts zuvor. Was können wir stolz sein auf uns. Was können wir uns glücklich schätzen, das alles erleben zu dürfen.

Wir sind jetzt Mamas – und werden es für immer bleiben.

WIE WIR UNS DAS JAHR VORGESTELLT HATTEN.
UND WIE ES DANN WURDE.

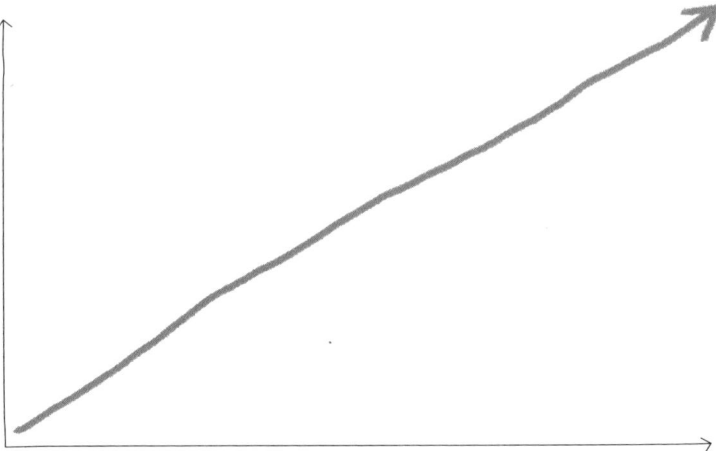

Wie wir es planten.

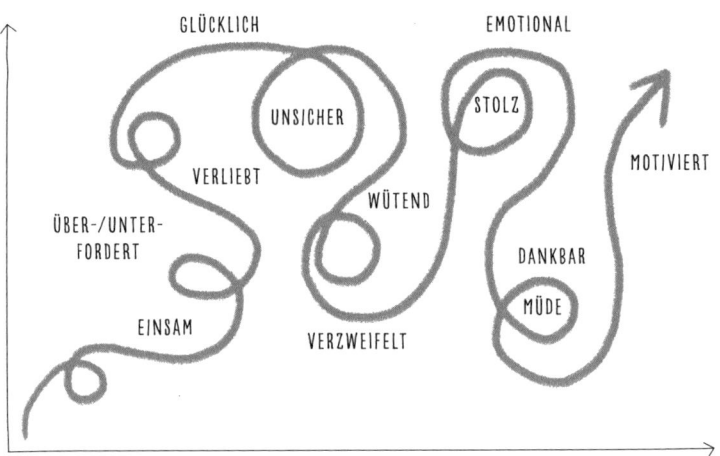

GLÜCKLICH

EMOTIONAL

UNSICHER

STOLZ

VERLIEBT

WÜTEND

MOTIVIERT

ÜBER-/UNTER-
FORDERT

DANKBAR

MÜDE

EINSAM

VERZWEIFELT

Wie es wirklich war.

Was wir erst durch eigene Kinder so richtig verstehen:

1. Es ist keine gute Idee, eine frischgebackene Mama um halb neun abends noch zu fragen, ob sie spontan mit auf einen Drink im nächsten Stadtteil kommt. Vor allem nicht per Telefon, denn möglicherweise ist das aus Versehen mal nicht auf »lautlos« gestellt ...

2. ... und nein, es ist auch kein guter Vorschlag zu testen, ob das Babyphone bis zur nächsten Kneipe reicht, um dann das Baby allein zu Hause zu lassen. Sorry!

3. Es ist tatsächlich auch gar nicht so verrückt, ein wenige Monate altes Baby auf dem Arm zu tragen, OBWOHL wir den Kinderwagen dabeihaben, den wir nun leer und mit einer Hand vor uns herschieben ... Hauptsache, das Kind schläft mal kurz.

4. Was gar nicht mehr geht, ist spontanes Verschieben von Verabredungen. *Ich komm 'ne halbe Stunde später!* Unser Baby ist ein kleiner Spießbürger mit festem Rhythmus. Bitte bring nicht die gesamte Tagesstruktur ins Wackeln. Und das hat nichts mit unserer neuen Engstirnigkeit zu tun, sondern gehört schlicht und ergreifend zu unserem Überlebensmechanismus.

5.

»Jede Mama sollte eine Medaille bekommen, gerade weil sie nicht perfekt ist«

Daniela Katzenberger steht wie kaum eine andere Prominente für den Mut zum Unperfektsein von Müttern. Zusammen mit Sänger und Entertainer Lucas Cordalis hat sie 2015 eine Tochter bekommen, Sophia. Warum sie nach der Geburt zwar aussah wie eine kleine Tonne, trotzdem aber stolz auf ihren Körper war; wie es ihr mit nicht durchgeschlafenen Nächten und Augenringen ging und warum sie sich, ohne mit der Wimper zu zucken, für ihr Baby vor den Zug schmeißen würde, das erzählt sie uns hier.

»Nur, weil mich viele aus dem Fernsehen, dem Internet oder den Medien kennen, heißt das nicht, dass ich als Mutter nicht auch nur mit Wasser koche. Wenn ich das auf meinem Instagram-Account offen zugebe und auch immer mal wieder Fotos mit zerzausten Haaren und Augenringen nach durchwachten Nächten poste, merke ich, dass ich vielen aus dem Herzen spreche. Dabei geht es uns doch allen so! Und nein, wir haben nicht drei Nannys für Sophia. Betreut wird sie vor allem von Lucas und mir – oder jemand von der Familie springt ein.

Auch bei uns ist es nicht anders als bei anderen: Unsere Kleine fordert uns! Sie schläft nicht, wenn sie Zähne bekommt oder Bauchweh hat. Im eigenen Bett bleiben findet sie dann auch doof. Dann will sie in unser Familienbett. Sophia hat auch einfach einen echt starken Willen. Nun ja. Manchmal ist das anstrengend. Dabei könnte ich auch einfach mal stolz auf dieses eigene Köpfchen sein.

Da wirst du schwanger und plötzlich ist da ein Mensch, der ganz eigene Vorstellungen vom Leben hat! Das ist so unglaublich. Trotzdem liegen natürlich auch bei uns die Nerven mal blank. Keiner kann einem doch richtig erklären, was Erziehung eigentlich ist – und wie sie funktioniert. Und es allen recht machen zu wollen, vermeintlich perfekt zu sein, dagegen wehre ich mich. Wem soll ich was beweisen? Das Wichtigste ist doch, dass ich mein Kind liebe und dass da ein wundervoller Mensch heranwächst.

Diese Liebe kann man nicht beschreiben. Sie fasziniert mich jeden Tag. Ein Lächeln von der Kleinen, und du weißt, um was es im Leben geht. Und da ist eben auch noch dieser krasse Beschützerinstinkt, der ja weit über dich als Mama hinauswächst.

Das ist Wahnsinn, dass du dich, ohne mit der Wimper zu zucken, vor den Zug schmeißen würdest für so ein kleines Baby. In einen Mann muss man sich ja erst verlieben, so ein Baby kommt auf die Welt, und schon ist es um dich geschehen. So stolz war ich noch nie. Obwohl ich natürlich auch in den ersten Wochen nach der Geburt totale Stimmungsschwankungen hatte. Einfach, weil ich im Kopf noch die Alte war und mein Baby aber schon neben mir lag. Ich habe auch die Tritte im Bauch vermisst.

Und dann hat es mit dem Stillen nicht geklappt. Sophia konnte irgendwie nicht trinken. Sie war sowieso schon so leicht, 2770 Gramm, sie schrie wie am Spieß, dann brachte eine Schwester so eine automatische

Milchpumpe. Ich habe in meinem ganzen Leben nicht solche Schmerzen gehabt. Aber es ging nicht anders, Sophia hatte schließlich Appetit. Da macht man sich schon Gedanken: »Andere Mütter stillen doch
auch, warum klappt das bei mir nicht?« Ein Mensch ist nun mal keine
Maschine, es läuft nicht alles rund. Aber keine Sorge, heute geht es mir
wieder gut.

Überhaupt, der Körper. Ich bin irgendwann einfach in einen normalen
Rückbildungskurs gegangen und war auch sehr dankbar, dass mich
die anderen ganz normal behandelt haben. Am Ende sitze ich ja auch da
und bin vollgekotzt oder muss die Windeln wechseln.

Und dann gibt's trotzdem welche, die behaupten, man könne vier
Wochen nach der Geburt aussehen wie ein Victoria's-Secret-Model.
Verstehe ich nicht. Also ich war noch sechs Monate lang dick. Ich hab'
enorm zugenommen in der Schwangerschaft, 26 Kilo! Von 60 auf 86!!
Ich sah aus wie 'ne Tonne. Die ersten Kilo sind nach den ersten Wochen
von allein dahingeschmolzen, aber die letzten waren wirklich hart-
näckig. Andererseits muss man ja wohl auch mal sehen, was dieser
Körper geleistet hat! Der hat ein Kind hergestellt! Das ist doch kaum zu
glauben – ehrlich gesagt, glaub ich das heute noch nicht so richtig.

Ähnlich überrascht hat mich dann auch noch, dass ich mich so auf
meinen Instinkt verlassen konnte. Als Mama hast du einfach eine ganz
besondere Bindung zu deinem Kind, du interpretierst jeden Blick und
jedes Geräusch. Ich dachte, o.k., dieser Instinkt stammt aus Zeiten,
als wir noch in Höhlen lebten ... Aber er ist wirklich noch in uns drin.
Das macht mich irgendwie selbstbewusster. Denn zieh mal so ein
Baby groß! Das ist kein Kinderspiel! Ich glaube, da kann man sich echt
etwas drauf einbilden. Ich finde, eigentlich gebührt jeder Mama eine
Medaille.«

Für Mütter soll's Konfetti regnen!

MINDESTENS.

VON LISA

Ein Foto
und seine Geschichte

>> Als wäre ich die Erste, die all das erlebt hat. So fühlte ich mich. Jede Frau, die ein Kind bekommt, erfindet das Rad für sich neu. Kein Mensch kann uns vorbereiten auf das, was da kommt. Auf dieses neue Universum, das entsteht, wenn plötzlich ein Baby zur Familie dazugehört. Wir sind unsagbar stolz, unglaublich erschöpft – und fantastisch erfüllt. Ein Jahr soll nun schon vergangen sein? Zwölf Monate? Ein ganzes Leben!

Einerseits können wir nicht fassen, dass die Zeit so rast. Und gleichzeitig können wir uns ein Leben ohne diesen kleinen Menschen überhaupt nicht mehr vorstellen.

Ich sitze auf diesem Bild grad in Namibia. Hier haben wir den ersten Geburtstag unserer Tochter gefeiert, hier hat sie barfuß laufen gelernt. Nun verteilt sie fröhlich Kekse auf der Terrasse, sie ganz bei sich, ich ganz bei mir – wir beieinander.

Drei Monate waren wir in Afrika, die Zusage für meinen Job dort kam zwei Wochen vor der Geburt. Wäre sie zwei Wochen nach der Geburt gekommen – ich hätte abgesagt. So neu war alles, so allumfassend. Doch wir groovten uns ein.

Fern der Heimat wollten wir mal die Rollen tauschen. Papa daheim, ich wieder unterwegs. Es hat uns auch als Paar gutgetan, die Perspektive des anderen einzunehmen. Da war mehr Empathie, mehr Verständnis für den anderen, Wertschätzung. Wir ließen die letzten Monate Revue passieren, blätterten alte Fotos durch und schossen neue. Was für ein Erlebnis!

Gemeinsam waren wir zu dieser Reise aufgebrochen, die bis heute andauert, auch wenn wir längst zurück in der Heimat sind. Elternschaft ist ein Abenteuer, das nie abbricht. Eine Reise, auf der wir nie auslernen. Ein Weltenöffner. Ein Glück. Und mit nichts, aber auch gar nichts zu vergleichen. <<

Wow, was Mamasein bedeutet

WELCH UNVERGESSLICHE ZEIT DA JETZT HINTER (UND VOR) UNS LIEGT

Was für ein Abenteuer, dieses erste Jahr mit Kind. Was für ein Wahnsinn! Du bist eingetaucht ins kalte Wasser, bist durch wilde Wellen geschwommen, hast nach Luft geschnappt. Du hast dich treiben lassen, wenn der Sturm vorüberzog und dir Inseln der Ruhe verschaffts, dich im Glück gesonnt.

Du hast erfahren, welche Schönheit dich auch beim Untertauchen erwarten kann. Wenn du den Schnorchel, der dir gereicht wird, annimmst und dich einfach einlässt auf die bunte Unterwasserwelt, die sich da gerade vor dir erschließt. Wow, was hier alles noch zu entdecken ist!

WOW, MOM, DU KANNST SO STOLZ AUF DICH SEIN!

Und wir sind, ehrlich gesagt, auch stolz. Stolz und dankbar, dass wir dich mit diesem Buch ein Stück auf deinem spannenden Weg begleiten durften. Wir hoffen, wir konnten dir die Reise hier und da etwas angenehmer gestalten. Durch ein bestärkendes Lächeln oder ein Schulterklopfen, durch einen kleinen Seitenhieb oder einen Aha-Moment.

Wenn das so ist, dann schreib uns doch gern! Erzähl uns, an welchen Stellen du lachen oder weinen musstest, was dir geholfen hat oder wo wir dir aus der Seele gesprochen haben. Denn wenn wir eins gelernt haben, dann ist es das: Mütter brauchen andere Mütter, Austausch, Zuspruch und Anerkennung. Lasst uns direkt beginnen:

wowmom@fischerverlage.de

Wir freuen uns, von dir zu hören!

Lisa & Katharina

P.S. Komm uns doch auch gern bei uns im Blog stadtlandmama.de besuchen, um zu schauen, wie das Leben mit Kindern so weitergeht …

The Making-of

Dieses Buch ist für alle Mütter, die befürchten, ihre Träume könnten sich irgendwo zwischen Lalelu und Kinderkacke in Luft auflösen. Ja, das Leben mit Kindern bleibt auch nach dem ersten Jahr turbulent – aber wir Mütter sind Multitasking-Wunder und verdammt effizient. Dieses Buch hier etwa entstand komplett in der Zeit von 7.30 Uhr bis 13.30 Uhr – danach war wieder Kinderchaos angesagt. Was alles so um uns herum passiert ist, während wir dieses Buch geschrieben haben? Hier ein kleiner Auszug aus unserem Alltags-Trubel:

- Lisas Zwillinge gewannen und verloren Fußball-Hallenturniere.

- Katharina war mit ihrer kleinsten Tochter wegen einer Gehirnerschütterung im Krankenhaus.

- Vier Kinder bekamen Halbjahreszeugnisse.

- Lisas Tochter gestaltete ihr Jugendzimmer neu.

- Katharinas Älteste hatte eine beidseitige Mittelohrentzündung.

- Sechs Kinder lärmten während insgesamt drei Wochen Ferien um unsere Schreibtische herum.

- Lisa feierte den Beginn der neuen Karnevalssession.

- Lisa und Katharina richteten insgesamt drei Kinder-
  geburtstage aus.

- Lisa betreute den Klausurenwahnsinn ihrer Kinder mit
  bis zu neun Tests und Klausuren pro Woche. (Vielleicht
  war aber auch die Weisheitszahn-OP schlimmer...)

- Katharina hatte eine Magenschleimhautentzündung.

- Die Berliner Schulen streikten.

- Lisa und Katharina backten unzählige Kuchen für Weih-
  nachtsfeiern und Sportturniere.

- Lisa und Katharina feierten beide ihre Hochzeitstage.

- Lisa organisierte zwei große Events in Köln und Stutt-
  gart mit.

- »Stadt Land Mama« veröffentlichte weiterhin sechs Bei-
  träge pro Woche.

- Lisa und Katharina joggten neue Bestzeiten, um mal
  wieder den Kopf freizukriegen.

Wie oft versicherten wir uns am Telefon, wir würden noch bekloppt. Bekloppt über den Wahnsinn, bekloppt vor Glück! Aber
alles ist möglich und alles wird gut.

Und da war dieses gegenseitige Verständnis und diese wech-
selseitige Wertschätzung, die uns nicht nur einmal denken
und fühlen ließ, was eben auch dieses Buch sagen will: WOW,
MOM!

Dank

LISAS DANK:

Katharina, dir danke ich für unsere fantastische Kolleginnen-Ehe voller Energie, Kreativität und Vertrauen.

Ich danke Andrea Harmonika für die 45 Minuten, die für mich überhaupt erst den Zugang zu diesem Projekt ermöglichten.

Nicole, wegen dir und uns und überhaupt. Rike, Silia und Nina, weil ihr toll seid. Dea fürs Herz. Jule und Juliane für die langjährigste Freundschaft meines Lebens.

Meinen Cousinen-, Kolleginnen- und Mütterfreundinnen für die vielen physischen wie psychischen Umarmungen: Katja, Bianca, Daniela, Merle, Nina, Nina, Insa, Christina, Jule und Jenny, Inga und Kristina. Danke auch an meine Blogfamilia-Crew, die zur zweiten Familie geworden ist. Ich danke meinen Hebammen Gunilla und Bianca. Kerstin, meiner besten Mütterpflegerin. Sarah und Karen für eure Sonntags-Unterstützung.

Tine und Mecki, euch danke ich für die Ersteinschätzungen. Hedwig und Stephan, ihr seid Rückrat, Inspirierer und Unterstützer und sowieso die Besten. P, P, euch dank ich für M, weil sie das süßeste Kind der Welt ist. Also neben meinen. Denen dank ich auch.

M, P und F, ihr seid das Bekloppteste und Tollste, was mir im Leben passiert ist. M, für wie wir das hier alles rocken! Danke.

KATHARINAS DANK:

Ich danke Anna, Viki, Anja und Anna für die jahrelange tiefe Freundschaft.

Tine, Andrea, Katrin und Berit für eure Unterstützung im Alltag und das Immer-wieder-Auffangen.

Danke, Mama, Papa, Chris, Nico, Eva und Konstantin – für Halt, Prägung und Liebe.

Lisa, mit dir zu arbeiten war eine wundervolle Fügung und eine der besten Entscheidungen, die ich je getroffen habe. Ich glaube, wir funktionieren deshalb so gut als Team, weil die eine immer dann einspringt, wenn der anderen gerade die Puste ausgeht – ohne Aufrechnen oder Vorhaltungen. Danke für alles.

Dirk für unsere Familie und dafür, dass du auf dieser Achterbahnfahrt des Lebens meine Hand hältst.

S, C und T – Ich liebe euch sehr.

GEMEINSAMER DANK:

Wir danken allen Leserinnen dieses Buches, allen, die es kaufen, verschenken oder weiterempfehlen. Wir freuen uns über jede Einzelne, die sich von diesem Werk berühren und inspirieren lässt. Wir danken den treuen Leserinnen von Stadt Land Mama, die uns immer wieder Fragen zur Babyzeit beantworteten und damit auch Teil dieses Buches wurden. Wir danken unseren GastautorInnen und ExpertInnen für ihren selbstlosen, kreativen Einsatz für uns und dieses Projekt! Ihr seid der Wahnsinn! Wir danken unserer fantastischen Illustratorin Kera Till, deren Zusage uns zeigte, wie besonders das hier alles werden würde.

Wir danken dem gesamten Team der S. Fischer Verlage für das Vertrauen von Anfang an. Wir danken Sita Frey für ihr Mit-der-halben-Wand-ins-Haus-fallen und für alles, was daraus an Kreativität und Zuspruch entstand. Tina Spiegel, unserer Lektorin, für die absolute Unterstützung und die Liebe zum Detail. Eure Wertschätzung und Motivation sind unvergleichlich. Ihr seid das Beste, was uns für dieses Buch passieren konnte. Danke.

GastautorInnen, ExpertInnen und InterviewpartnerInnen

Wow, bin ich glücklich:

Nicole Staudinger, Schlagfertigkeitstrainerin und Entertainerin, www.nicole-staudinger.net
Buch: *Schlagfertigkeitsqueen – In jeder Situation wortgewandt und majestätisch reagieren*

Wow, bin ich unsicher:

Jana Friedrich, Hebamme und Autorin,
www.hebammenblog.de
Buch: *Jede Geburt ist einzigartig. 50 Geschichten über die elementarste Erfahrung des Lebens*

Danielle Graf, Rechts-Ökonomin und Autorin,
www.gewuenschtestes-wunschkind.de
Buch: *Das gewünschteste Wunschkind aller Zeiten treibt mich in den Wahnsinn: Der entspannte Weg durch Trotzphasen*

Wow, bin ich müde:

Andrea Twardella, Dipl. Sozialpädagogin, Syst. Familientherapeutin und Entspannungstherapeutin und Leiterin der Mutter-Kind-Klinik Talitha in Bald Wildungen, eine anerkannte Einrichtung des Müttergenesungswerks, www.haus-talitha-bad-wildungen.de

Wow, bin ich verliebt:

Leila Prousch, Bloggerin und Kolumnistin,
www.muenstermama.de

Katja Grach, Sexualpädagogin und Autorin,
www.tiefdurchatmen.com
Buch: *MILF-Mädchenrechnung: Wie sich Frauen heute
zwischen Fuckability-Zwang und Kinderstress aufreiben*

Wow, bin ich einsam:

Paula Grüning, Leserin von »Stadt Land Mama«

Nora Imlau, Autorin, Dozentin, Erziehungsexpertin,
www.nora-imlau.de
Buch: *So viel Freude, so viel Wut – Gefühlsstarke Kinder
verstehen und begleiten*

Wow, bin ich über- und unterfordert:

Daniela Fink, Business Coach und Trainerin, Expertin für
Führung und Struktur in Unternehmen, www.danielafink.de

Wow, bin ich dankbar:

Rike Drust, Autorin und Werbetexterin,
www.instagram.com/kinstabuch
Buch: *Muttergefühle. Gesamtausgabe*

Wow, bin ich verzweifelt:

Nicole Ebrecht-Fuß, studierte Familienbegleiterin,
Sexualpädagogin (MA). Therapeutische, ganzheitliche
Geburtstraumabegleitung, www.winyan.de

Dr. Karella Easwaran, Kinderärztin und Autorin,
www.kinderarzt-easwaran.de

Buch: *Das Geheimnis gesunder Kinder. Was Eltern tun und lassen können*

Daniela Maniva Melo, Bloggerin, www.siebenkilopaket.de

Wow, bin ich stolz:

Conny Wenk, Fotografin und Buchautorin,
www.connywenk.com
Buch: *#46pluskocht – voll lecker (A little extra)*

Wow, bin ich wütend:

Dr. Jan-Uwe Rogge, Erziehungsberater und Buchautor,
www.jan-uwe-rogge.de
Buch: *Wenn Kinder trotzen*

Maren Kruth, Illustratorin, www.kruthdesign.com
Buch: *Hochzeitszauber. Ausmalen und entspannt Ja sagen*

Wow, bin ich motiviert:

Nina Strassner, Juristin und Speakerin. www.juramama.de
Buch: *Keine Kinder sind auch keine Lösung: Schützenhilfe von der Juramama*

Katrin Wilkens, Job-Profilerin und Autorin,
www.i-do-hamburg.de
Buch: *Mutter schafft. Es ist nicht das Kind, das nervt, es ist der Job, der fehlt*

Wow, bin ich emotional:

Daniela Katzenberger, TV-Star und Unternehmerin,
www.danielakatzenberger.net
Buch: *Eine Tussi wird Mama. Neun Monate auf dem Weg zum Katzenbaby*

Über uns

LISA HARMANN, 37, und KATHARINA NACHTSHEIM, 38, lernten sich vor 15 Jahren an der Journalistenschule kennen und gehörten zu den Ersten in ihrem Freundeskreis, die ein Baby bekamen. Heute haben beide je drei Kinder, darunter Jungen, Mädchen, Zwillinge, Einlinge, Windelträger und Teenies zwischen zwei und 13 Jahren. Auf ihrem Blog STADT LAND MAMA beleuchten sie Elternschaft in allen Facetten – mit knapp einer halben Million Klicks pro Monat. Als freie Journalistinnen schreiben sie u. a. für Eltern, Brigitte, BamS, Berliner Zeitung, Spiegel Online, SZ und FAS.

Lisa lebt in der Großfamilie auf dem Land bei Köln, Katharina mit Mann und Kindern in Berlin.

KERA TILL gehört zu den angesagtesten Illustratorinnen und Modezeichnerinnen Deutschlands. Sie zeichnet für Kunden wie Chanel, Faber Castell und Vogue. Mit ihrer Familie lebt sie in München.